DU

SYNDICAT DEMANDEUR

EN JUSTICE

DANS L'INTÉRÊT DE SES MEMBRES

THÈSE POUR LE DOCTORAT

L'ACTE PUBLIC SUR LES MATIÈRES CI-APRÈS

Sera présenté et soutenu le Samedi 24 Mars 1900, à 2 heures 1/2.

PAR

Paul COUROT

Lauréat de la Faculté de Droit,
Avocat à la Cour d'Appel.

Président :   M. PLANIOL, *professeur.*
Suffragants {   MM. LE POITTEVIN, *professeur.*
            SOUCHON, *professeur.*

PARIS

LIBRAIRIE DE LA SOCIÉTÉ DU RECUEIL GÉNÉRAL DES LOIS ET DES ARRÊTS

ET DU JOURNAL DU PALAIS

Ancienne Maison L. LAROSE et FORCEL

22, *rue Soufflot,* 22

L. LAROSE, Directeur de la Librairie

1900

THÈSE

POUR

LE DOCTORAT

DU
SYNDICAT DEMANDEUR
EN JUSTICE
DANS L'INTÉRÊT DE SES MEMBRES

THÈSE POUR LE DOCTORAT

L'ACTE PUBLIC SUR LES MATIÈRES CI-APRÈS

Sera présenté et soutenu le Samedi 24 Mars 1900, à 2 heures 1/2.

PAR

PAUL COUROT

Lauréat de la Faculté de Droit
Avocat à la Cour d'Appel

Président .   M. PLANIOL, *professeur.*
Suffragants { MM. LE POITTEVIN, *professeur.*
SOUCHON, *professeur.*

PARIS

LIBRAIRIE DE LA SOCIÉTÉ DU RECUEIL GÉNÉRAL DES LOIS ET DES ARRÊTS

ET DU JOURNAL DU PALAIS

Ancienne Maison L. LAROSE et FORCEL

22, *rue Soufflot,* 22

L. LAROSE, Directeur de la Librairie

1900

BIBLIOGRAPHIE

JURISPRUDENCE

Annuaire des Syndicats professionnels du ministère du du Commerce.

Journal le Droit.

Journal La Loi.

Journal Officiel.

Journal du Palais.

Journal des Tribunaux de Commerce.

Recueil des Arrêts des Cours de Grenoble et de Chambéry.

Recueil périodique de Dalloz.

Recueil périodique des Pandectes françaises.

Recueil de procédure civile, de Rousseau et Laisney.

Recueil périodique de Sirey.

Revue des Sociétés.

DOCTRINE

Alpy et Boulot. — Guide pratique des Syndicats professionnels.

André et Guibourg. — Code ouvrier.

Boullaire. — Syndicats professionnels agricoles.

Bry. — Précis de législation industrielle.

Dalloz. — Répertoire supplément : *verbo* Travail.

Deslandres. — Note des Pandectes françaises 1894.

Gain. — Syndicats professionnels agricoles.

Garsonnet. — Traité de Procédure civile, t. I (2 édition.)

H. Glotin. — Etude sur les Syndicats professionnels.

Hubert-Valleroux. — Contrat de Travail. Notes et articles : Revue des Sociétés. Articles : Economiste français, La Réforme sociale. Revue des Institutions et du Droit.

Jay. — Organisation du Travail par les Syndicats professionnels.

Labat. — Les Syndicats professionnels agricoles devant la loi du 21 mars 1884. (Thèse de Doctorat 1893, Toulouse)

Labori — Répertoire de Droit français : *verbo* Syndicats professionnels.

Lambert. — De la stipulation pour autrui (Thèse de Doctorat 1893, Paris).

Pelletier. — Manuel pratique de droit commercial, *verbo* Syndicats professionnels.

Pic. — Précis de législation industrielle.

Planiol. — Cour de législation industrielle professé à la Faculté de Paris (1894-1895). Notes de Dalloz 1895 et 1898.

Sainctelette. — Des contrats d'utilité publique (Revue de Droit international 1888).

Voron. — Syndicat et Sociétés coopératives. — **A** propos de la capacité des syndicats. Le rôle des Syndicats professionnels devant la justice (Revue catholique des Institutions et du Droit, 1895 et 1897).

Wahl. — Note, Sirey, 1896.

Waldeck-Rousseau. — Note, Recueil de procédure civile, de Rousseau et Laisney, 1887.

INTRODUCTION

Le droit d'association est un droit essentiel à
l'homme. Sans discuter son origine, sans cher-
cher s'il est primordial et naturel, ou convention-
nel et civil, nous constatons son existence dès les
époques les plus reculées du monde. Les hommes
ne peuvent, en effet, réduits à leurs propres res-
sources, suffire à tous leurs besoins physiques et
moraux : le secours d'autrui doit venir compenser
leur faiblesse personnelle.

Réunis en société, ils furent obligés de se par-
tager la tâche pour faciliter l'accomplissement
des besognes nécessaires à leur existence et tous
ceux qui se chargèrent d'une même fonction éta-
blirent entre eux des liens, constituèrent de peti-
tes associations. Telle fut l'origine des associations
professionnelles.

Persuadés à la suite des abus de l'absolutisme
même dans le monde du travail, que l'individu
libre devait pouvoir se suffire à lui-même, les

législateurs de la Constituante et du Code pénal voulurent interdire toute association.

Ce fut un grand tort et l'utilité du groupement professionnel ne tarda pas à se faire sentir. Des changements considérables s'opéraient dans le régime du travail : la disparition de la petite industrie depuis les grandes découvertes de la science, la formation de grosses agglomérations ouvrières, etc.

L'homme n'avait jamais eu tant besoin de soutien et d'appui et précisément il lui était interdit de s'associer avec ses semblables !

La rigueur de la défense ne pouvait être maintenue : ce furent les patrons qui commencèrent à se constituer en chambres syndicales. Dès le premier Empire, elles apparurent ; quelques-unes même furent autorisées et les gouvernements se montrèrent pour toutes extrêmement tolérants. Certaines se réunirent en groupes : le plus ancien est celui de la Sainte-Chapelle, et le plus célèbre l'Union de la rue de Lancry. Ces associations se développèrent principalement sous le second Empire et rendirent de grands services à leurs membres surtout pour les arbitrages en matière contentieuse, les questions de douanes, etc.

Les associations ouvrières furent plus longues à se former ; elles étaient cependant bien nécessaires pour protéger les malheureux, les faibles, pour défendre leurs salaires, mais le gouvernement les avait en suspicion.

Aussi restèrent-elles longtemps occultes : ce fut à partir de 1848 que les ouvriers ayant été appelés plusieurs fois à nommer des délégués, le mouvement syndical prit naissance. Les associations ouvrières osèrent se montrer et en 1868, l'Empereur décida de les tolérer, si elles ne faisaient pas de politique : elles avaient su faire valoir auprès de lui les raisons d'équité qui voulaient que la même tolérance existât envers les ouvriers et envers les patrons.

Ces syndicats se constituèrent sous des formes ayant les apparences de la légalité, les patrons, prirent en général celle d'une société civile et les ouvriers souvent celle d'une société à capital variable ; quelquefois aussi ces derniers se servirent de la loi sur les sociétés de secours mutuels. Cette légalité apparente était trompeuse : en réalité, ils tombaient sous le coup de la loi pénale ; on pouvait toujours les poursuivre, et au point de vue civil, il n'y avait toujours que des associations de fait sans personnalité civile : tous leurs actes étaient nuls.

La tolérance du pouvoir nécessairement arbitraire ne pouvait suffire, et on ne cessait de réclamer une loi.

Satisfaction fut enfin donnée en 1880 : un projet fut déposé à la Chambre le 22 novembre par MM. Tirard et Cazot : il donnait l'existence légale aux associations professionnelles jusqu'alors illicites. L'élaboration de la loi fut lente, car elle ne fut promulguée que le 21 mars 1884.

Voici cette loi, dans ses grandes lignes :

Toutes les professions, semblent, en principe, pouvoir se syndiquer, les articles 2 et 3 étant en effet très larges. — mais les syndicats ne se forment qu'entre personnes de mêmes professions ou de professions similaires ou connexes. Des unions de syndicats sont permises.

La constitution de ces associations est très simple : un dépôt de statuts à la mairie suffit.

L'objet des syndicats est l'étude et la défense des intérêts économiques, industriels, commerciaux et agricoles.

Il y a une innovation importante : c'est la reconnaissance au syndicat de la personnalité civile (un peu restreinte il est vrai). Le syndicat peut ester en justice ; dans quel intérêt ? Certainement pour défendre son patrimoine, mais a-t-il le droit d'agir aussi pour ses membres ? C'est une question controversée et que nous allons étudier en nous plaçant uniquement au point de vue du syndicat demandeur en justice.

L'association professionnelle n'est pas obligatoire, ouverte à tous, chacun peut y entrer et en sortir à son gré (article 7). Tout acte de violence est toujours puni par le Code pénal, et on ne peut causer le moindre dommage civil à un travailleur sans qu'il ait droit à une réparation.

L'œuvre du législateur de 1884 n'est pas sans défauts ; mais elle constitue un progrès immense et l'on ne saurait être trop reconnaissant au régime actuel d'avoir su l'accomplir.

CHAPITRE I

Le syndicat peut-il être demandeur en justice dans l'intérêt de ses membres ? Telle est donc la question dont nous abordons l'étude ; et comme l'action peut être la conséquence d'un contrat, peut-il contracter dans le même intérêt ?

Il nous faudra, tout d'abord, préciser quels sont les intérêts économiques, industriels, commerciaux et agricoles, dont la défense est confiée au syndicat. — Nous verrons ensuite s'il est possible de lui accorder les droits d'agir en justice et de contracter en faveur de ses membres.

C'est une question très importante, car, si le syndicat peut intervenir pour les syndiqués par des moyens aussi puissants que les contrats et les actions judiciaires, il leur rendra des services immenses : nous parlons surtout des ouvriers, qui ont si vivement souhaité l'adoption de cette loi de 1884 ; l'association doit diminuer l'inégalité trop grande qui existe entre eux et les patrons ; —

et les ouvriers ne peuvent devenir réellement forts que si les syndicats ont le droit de les représenter.

L'action syndicale, dans l'intérêt des membres, s'est présentée bien souvent en pratique. Les cas que nous avons à prévoir peuvent se classer en deux catégories :

1° Un acte illicite, une injustice a été ou est sur le point d'être commise envers les membres d'un syndicat, sans qu'aucun contrat n'ait été fait : le syndicat peut-il poursuivre la réparation du préjudice, la suppression de l'acte illicite ou demander une mesure de protection pour l'avenir ?

Nous appellerons cette action délictuelle pour éviter de nombreuses périphrases.

2° Un contrat a été fait (et nous aurons à en examiner d'abord la validité). Le syndicat pourra-t-il, la validité de la convention étant admise, la faire interpréter, exécuter, ou demander des dommages-intérêts pour l'inexécution ?

Cette action, nous l'appellerons contractuelle pour les motifs sus-indiqués.

Après avoir étudié la loi et les travaux préparatoires uniquement au point de vue auquel nous venons de nous placer, nous examinerons les interprétations proposées par la jurisprudence et les auteurs, et nous indiquerons finalement celle que nous adoptons.

CHAPITRE II

LA LOI ET LES TRAVAUX PRÉPARATOIRES AU POINT DE VUE

DE L'ACTION SYNDICALE DANS L'INTÉRÊT DES MEMBRES

Deux articles de la loi du 21 mars 1884 sont seuls à étudier au point de vue spécial auquel nous nous plaçons : les articles 3 et 6.

L'article 3 est ainsi conçu : « Les syndicats pro-
« fessionnels ont exclusivement pour objet l'étude
« et la défense des intérêts économiques, indus-
« triels, commerciaux et agricoles ». Ce texte ne nous dit pas quels sont ces intérêts mis sous la protection du syndicat.

Dans les travaux préparatoires, nous voyons cependant que ce texte se terminait par les mots :
« communs à tous leurs membres et des intérêts
« généraux de la profession ». M. Marcel Barthe nous explique, dans son rapport supplémentaire au Sénat (1), la cause de leur disparition. On n'avait plus voulu des mots « et des intérêts géné-

1. *Journal officiel*, 1882, 20 juillet; Annexe juillet, n° 413,
p. 476.

« raux de la profession », dans la crainte de voir la politique régner en souveraine maîtresse dans les associations. « Cette suppression, dit-il, en « amène naturellement une autre, c'est celle de « ces expressions restrictives, *communs à tous « leurs membres*. Comme cela a été dit à la tri-« bune, indépendamment des questions d'intérêt « spécial à un groupe corporatif, certaines ques-« tions, telles que celles des patentes, des livrets, « de l'apprentissage, des heures de travail, et beau-« coup d'autres sont générales, en ce sens qu'elles « intéressent à la fois tous les syndicats et chacun « d'eux en particulier ». Les syndicats, selon lui, ne devaient pas se les voir interdire. Mais les inté-rêts, dont les syndicats s'occupent, n'en doivent pas moins être communs à tous leurs membres.

La loi de 1884 n'indique pas davantage les moyens que le syndicat peut mettre en œuvre pour défendre ces intérêts. L'article 6 donne, il est vrai, la personnalité civile ; il reconnaît expressé-ment dans son paragraphe 1er que « les syndicats « professionnels de patrons ou d'ouvriers auront « le droit d'ester en justice », et implicitement qu'ils pourront contracter, mais aucune disposi-tion ne nous indique si ces actes juridiques doi-vent être faits exclusivement pour le patrimoine syndical, ou s'ils peuvent être accomplis aussi dans l'intérêt des syndiqués.

Dans les travaux préparatoires de la loi de 1884 nous ne trouvons aucun éclaircissement pour l'action délictuelle. Ce n'est que dans les travaux préparatoires de la loi du 30 novembre 1892 sur l'exercice de la médecine, accordant aux médecins le droit de se syndiquer, que nous trouvons un passage intéressant : M. Loubet, alors président du Conseil, examinant à la tribune, dans la séance du 1er avril 1892 (1), les buts que se proposaient les syndicats de fait existant entre eux jusque-là, dit, en les approuvant, que « le second était « d'exercer une action efficace à l'égard de ceux « qui pratiquent illégalement la médecine ». C'est un indice de la pensée du législateur, sur l'objet des syndicats, et sur la possibilité pour eux de défendre en justice les intérêts de leurs membres.

Pour l'action contractuelle, les discours parlementaires de 1884 ne sont que bien peu explicites. Les questions du travail ont été visées souvent : ainsi M. Floquet, dans la séance du 21 mai 1881 (2), compare les syndicats à des sociétés de commerce et ajoute : « que veulent donc faire les associations « syndicales, sinon vendre la plus précieuse des « marchandises, le travail humain, et le vendre « aux meilleures conditions. Oui, le but est de

---

1. *Journal officiel,* 2 avril 1892, pp. 364 et 365, Sénat, Débats
2. *Journal officiel,* Débats, Chambre, 22 mai 1881, p. 966.

« tirer un lucre, un profit à répartir entre les
« membres du syndicat ». Ce passage semble
montrer que les syndicats pourront contracter
pour eux-mêmes ; mais M. Floquet paraît être
resté seul à s'exprimer ainsi. Faire du travail une
marchandise semble, d'ailleurs, une belle exagé-
ration de tribune ! Néanmoins cette question du
travail préoccupait les législateurs. On peut voir
en ce sens l'amendement de M. Bertholon (1),
présenté à la Chambre le 17 mai 1881, le rapport
de M. Marcel Barthe au Sénat, du 24 juin 1882 (2)
et le rapport de M. Tolain au Sénat, du 14 décembre 1883, etc. (3).

Tout ceci ne nous permet pas en somme de
penser quel objet la loi de 1884 donne aux syndicats, et si l'action contractuelle dans l'intérêt de
leurs membres est possible.

Le caractère vague des travaux préparatoires
tout autant que la concision extrême du texte en
cette matière, permettent toutes les interprétations ;
nous verrons que l'on a fait les plus diamétrale-
ment opposées, tout en croyant rester d'accord
avec le texte légal, ou plutôt l'esprit du législateur.

1. *Journal officiel*, Débats, Chambre, 18 mai 1881, p. 928.
2. *Journal officiel*, Annexes, Sénat, 1882 n⁰ 296, p. 329.
3. *Journal officiel*, Annexes, Sénat, 1883 n⁰ 112, p. 1117.

CHAPITRE III

LA JURISPRUDENCE

La jurisprudence nous offre une étude intéressante par sa variété. Elle semble peu à peu, au moins dans les actions délictuelles, adopter une ligne de conduite, suivre une idée directrice. Mais cela n'a pas été sans tâtonnements, qui ont donné lieu aux arrêts les plus contradictoires.

Section I. — Interprétation large

C'est celle qui réunit le plus de suffrages. L'intérêt dont nous parle l'article 3 est l'intérêt professionnel commun des membres ; les mots « intérêts économiques » sont pris ici dans un sens très large et très peu défini. Ce sont les intérêts de tous relatifs à la profession que le Syndicat doit protéger.

Certaines décisions admettent même l'intervention syndicale dans des cas où elles voient spécialement quelques intérêts professionnels lésés, lorsque l'intérêt collectif est en cause.

Le rapprochement des articles 3 et 6 autorise cette jurisprudence à accorder aux syndicats le droit d'agir en justice et à contracter pour défendre les intérêts dont ils sont chargés.

Presque toutes les décisions judiciaires déclarent avec un jugement du tribunal de commerce de la Seine, de 1892, que l'action syndicale est possible chaque fois que tous les membres ont un intérêt et profitent de l'action. Les exceptions sont rares.

Divisons, pour plus de clarté, l'étude en deux parties.

§ 1. — *L'action délictuelle*

Nous allons voir tout d'abord que tous les arrêts qui adoptent l'interprétation large de la loi décident que c'est l'intérêt collectif que le syndicat défend et que l'action en justice est permise dans ce but.

Pour les syndicats de pharmaciens, nous avons les jugements et arrêts du Tribunal correctionnel de la Seine du 4 novembre 1885 (1), confirmé le 20 janvier 1886 (2), du Tribunal et de la Cour de

1. *Revue des Sociétés*, 1886, p. 147.
2. Sirey, 1887, 2, 129.

Rouen des 21 juin 1888 et 9 février 1889 (1), de la
Cour de Cassation du 7 novembre 1889 (1) et de
la Cour de Caen du 1er mai 1890 (2) ; du Tribunal
de Die du 19 juin 1889 et de la Cour de Grenoble
du 26 juillet 1889 (3), qui tous sont implicitement
en ce sens.

Un jugement de Saint-Etienne du 17 décembre
1889 (4) statuant sur la recevabilité de l'action,
déclare expressément « que le syndicat constitué
« dans le but de défendre les intérêts profession-
« nels, a, aux termes de l'article 6 de la loi du
« 21 mars 1884, le droit d'ester en justice à la
« seule condition que le syndicat ait été constitué
« en vue de l'intérêt général de la profession, et
« que l'action exercée au nom du syndicat ait pour
« objet un intérêt général et collectif », et la Cour
de Lyon, le 3 juin 1890 (5), a confirmé.

Voici encore les décisions des Cours de Paris
du 16 décembre 1891 (6), de Grenoble du 7 juillet
1892 (7), du Tribunal de Troyes du 31 janvier
1894 (8) et un arrêt de la Cour de Cassation du

1. Sirey, 1891, 1, 556.
2. Sirey, 1892, 1, 14.
5. Recueil des Arrêts de Grenoble et de Chambéry, 1889,
p. 268.
4. *Revue des Sociétés* 1890, p. 309.
5. Dalloz, 1891, 2, 29.
6. Dalloz, 1893, 2, 400.
7. Dalloz, 1892, 2, 582.
8. Pandectes françaises, 1894, 2, 214.

5 janvier 1894 (1), ainsi motivé : « Attendu qu'aux
« termes de la loi du 21 mars 1884, les syndicats
« professionnels ont pour objet la défense des inté-
« rêts industriels ou commerciaux des membres
« faisant partie desdits syndicats, que l'article 6
« leur confère le droit d'ester en justice, etc... »,
reçoit le syndicat intervenant ;

Enfin le dernier jugement, à notre connaissance,
concernant les Syndicats de pharmaciens, est du tribunal de Bayonne, en date du 6 juillet 1899 (2) et
admet encore l'action du syndicat : « attendu, au
« point de vue de la recevabilité de l'action de la
« partie civile, qu'il est de législation (articles 3 et
« 6 de la loi du 21 mars 1884) que les pharma-
« ciens font partie des professions qui peuvent se
« syndiquer, et dont les syndicats ont qualité pour
« poursuivre comme parties civiles, devant la juri-
« diction répressive, la répression des infractions
« aux lois pénales sur l'exercice de la pharmacie,
« qui, au point de vue social, portent préjudice à
« l'intérêt supérieur de la santé et de la salubrité
« publiques, qui, à leur point de vue profession-
« nel, portent atteinte au monopole que ces lois

1. Sirey, 1895, 1, 382 et Dalloz sous Bordeaux, 4 juin 1897,
1898, 2, 129.
2. *La Loi* du 23 décembre 1899.

« confèrent dans cet intérêt social supérieur aux
« pharmaciens ».

Pour les syndicats de médecins, c'est la même
idée, mais implicite. (Jugement du tribunal de la
Seine 25 mai 1895 (1) et de Montbéliard 30 janvier
1896 (2).)

Dans les jugements intervenus pour des syndicats de professions diverses, nous avons, sur une
action intentée par deux syndicats de brasseurs, un
arrêt de la Cour de Paris du 20 mai 1897 (3), qui
déclare, dans ses motifs, « que l'article 3 de la loi du
« 21 mars 1884, relative à la création des syn-
« dicats professionnels, dispose que les syndi-
« cats ont exclusivement pour objet l'étude et la
« défense des intérêts économiques, industriels,
« commerciaux et agricoles, que l'article 6 leur
« confère une personnalité civile, en leur donnant
« le droit de posséder même des immeubles, et
« d'ester en justice, qu'il ressort de la lettre et de
« l'esprit de ces textes combinés qu'un syndicat ne
« peut ester en justice que sous ces conditions :
« 1° qu'il ait été régulièrement constitué ; 2° que
« l'action par lui exercée ait pour objet la défense
« des intérêts inhérents à sa personnalité juridi-

1. Dalloz, 1896, 2, 189.
2. Dalloz, 1896, 2, 168.
3. *Revue des Sociétés*, 1898, p. 104.

« que, ou tout au moins un intérêt de corporation
« général et collectif, et non l'intérêt particulier
« des membres syndiqués ».

Les arrêts des Cours d'Angers du 18 juillet
1887 (1) et du 11 avril 1889, de cassation du 26
juillet 1890 (2), de Bourges du 1er août 1894 (3)
sont dans le même sens.

La Cour d'Amiens, le 13 mars 1895 (4), pour
un syndicat de poissonniers agissant pour la conservation du poisson, admet dans les motifs de
son arrêt : « qu'il résulte des articles 3 et 6 com-
« binés de la loi du 21 mars 1884, que les syndi-
« cats ont le droit d'ester en justice pour assurer
« la défense des intérêts généraux, en vue des-
« quels ils ont été constitués. »

Voici encore quelques autres décisions qui
posent le même principe : Un jugement de la justice de paix de Nice du 19 mars 1887 (5). « Si les
« syndicats ont le droit d'ester en justice aux termes
« de l'article 6 de la loi précédente, ils ne peuvent
« exercer ce droit que pour sauvegarder et dé-
« fendre les intérêts généraux exclusivement indi-

1. *La Loi*, 21 août 1887.
2. Sirey, 1890, 1, 90.
3. Dalloz sous Bordeaux, 1898, 2, 129.
4. Dalloz, 1895, 2, 553.
5. *Revue des Sociétés*, 1890, p. 39.

« qués à l'article 3 de la même loi. » Deux jugements du tribunal d'Evreux (1) du 21 octobre 1887,
du tribunal d'Arras du 13 juin 1888 (2) et un arrêt
de la Cour de Nancy (3) du 4 janvier 1896.

La loi de 1884 donne donc aux syndicats le
droit de défendre leurs intérêts communs.

Quels sont les cas où la jurisprudence a reconnu
des intérêts communs?

Il s'est agi, tout d'abord, pour les syndicats de
pharmaciens et de médecins, de l'action en exercice illégal. Cette action a été reconnue recevable.
Les médecins ont, depuis 1892, le même droit que
les pharmaciens. Tous les arrêts que nous avons
cités, à leur égard, sont en ce sens (4). Ils ont un
monopole légal et la moindre atteinte leur nuit à
tous.

Voici notamment ce que dit l'arrêt de Paris du
16 décembre 1891 en admettant l'action du syndicat dans l'espèce : « Considérant que l'objet de
« l'association est entre autres de protéger l'exercice
« légal de la pharmacie contre les empiétements
« des professions étrangères, qu'en effet, compo-

1. Dalloz, 1888, 3, 136 ; *Journal du Palais*, 1888, p. 591.
2. Dalloz, 1890, 3, 55.
3. Sirey, 1896, 2, 244 ; Dalloz, 1897, 2, 68,
4. Voir encore en ce sens ; Paris, 17 novembre 1887 ; *Revue des Sociétés*, 1888, p. 184 et Lyon, 8 et 15 mars 1889, Dalloz, 1889, 2, 257.

« sée de commerçants investis d'un monopole
« légal, protégée par des sanctions pénales, elle a
« des intérêts commerciaux à défendre contre les
« entreprises qui seraient faites au détriment de
« ses droits, que la défense méthodique et régu-
« lière de ses droits intéresse l'ensemble de la
« corporation, indépendamment des préjudices
« particuliers que pourraient éprouver certains
« de ses membres dans des circonstances détermi-
« nées ; que si une surveillance vigilante n'était pas
« exercée par son conseil d'administration et les
« agents délégués par lui sur les empiétements des
« personnes étrangères à la profession, et si ces
« empiétements n'étaient pas réprimés, une partie
« notable du public serait bientôt conduite à se
« procurer, ailleurs que chez les pharmaciens, les
« produits qu'ils ont seuls le droit de vendre aux
« particuliers ; que chaque fait de concurrence
« illégitime tend à produire ce résultat et devient
« par cela même préjudiciable, que la nécessité
« de sauvegarder des intérêts collectifs d'une telle
« importance suffit amplement pour autoriser
« cette société, agissant comme telle, soit à pour-
« suivre directement les délinquants, soit à inter-
« venir dans les poursuites exercées contre eux
« par le ministère public, etc... »

Nous rappelons aussi le jugement de Bayonne

du 6 juillet dernier, conçu dans des termes iden-
tiques.

Le syndicat est apte, soit à intervenir dans les
poursuites intentées par le ministère public, soit
à poursuivre lui-même, par voie de citation directe,
les exercices illégaux et à demander des dommages-intérêts.

La pratique nous offre à côté les poursuites des
syndicats contre les fraudes de leurs membres. —
La jurisprudence voit toujours l'intérêt collectif en
cause. Deux décisions sont en ce sens : Un jugement de Troyes du 31 janvier 1894 déclarant « que
« le syndicat est chargé de protéger l'exercice
« légal de la pharmacie contre les empiétements
« non seulement des professions étrangères, mais
« aussi de ses propres membres ; qu'aux termes
« de l'article 8 des statuts, le syndicat est à la fois
« le mandataire individuel et collectif des socié-
« taires ; qu'il est donc bien fondé à intervenir
« dans l'instance, d'autant qu'on comprendrait
« difficilement qu'Abadie pût, dans sa qualité de
« sociétaire, puiser le droit de violer impunément
« les lois et règlements de sa profession, alors
« que, par le fait de son adhésion aux statuts
« sociaux, il a expressément chargé le syndicat
« de veiller à leur observation ainsi qu'à la dé-
« fense des intérêts professionnels communs ».

L'arrêt de Cassation du 5 janvier 1894 soutient la même idée dans un cas identique.

Pour les syndicats de professions libres, nous trouvons l'action en concurrence déloyale ou la poursuite de fraudes.

Un arrêt de la Cour de Bourges du 1er août 1894 donne gain de cause à un syndicat d'eaux minérales, agissant contre un fraudeur, qui faisait passer une eau venant de Pougues comme venant de Fourchambault : « attendu, dit-il, que toute « tromperie sur la nature de la chose vendue, « toute fraude, tout acte illicite, modifiant les « conditions normales de la concurrence dans « l'industrie des eaux minérales, cause un double « préjudice aux autres exploitants, préjudice « moral provenant de la déconsidération que de « semblables pratiques jettent sur l'industrie, « préjudice matériel résultant de l'infériorité dans « laquelle se trouvent les autres concurrents « vis-à-vis de celui qui use, pour s'emparer de la « clientèle ou la conserver, de moyens illicites ; « que l'union des propriétaires et concession- « naires d'eaux minérales a donc le droit d'inter- « venir pour demander la cessation de ces prati- « ques et la réparation du préjudice causé ».

Un jugement du Tribunal de commerce de Nice,

rendu en 1886 (1), infirmé en appel d'ailleurs, deux arrêts d'Angers du 18 juillet 1887 et du 11 avril 1889 et un arrêt de la Cour de cassation du 26 juillet 1890 donnant, le premier, gain de cause à un syndicat de tissus agissant en concurrence déloyale contre un négociant de Nice, et les trois autres au syndicat des vins de Champagne contre des marchands de vins de Saumur, qui avaient la prétention d'employer, pour leurs produits mousseux, le nom de Champagne.

Une affaire de fraude de vins s'est présentée à Bordeaux : le syndicat des propriétaires-viticulteurs de la Gironde voulut intervenir; mais le tribunal (2) à déclaré son action non-recevable, parce qu'il n'y avait pas intérêt pour les membres et par conséquent pour leur collectivité, que là, en effet, la fraude articulée ne pouvait avoir contribué que pour une mesure infinitésimale au discrédit que ces falsifications jetaient sur la vente des vins. La Cour (2), tout en déclarant aussi l'action non-recevable, réforme les motifs. Il y a bien là un dommage qui peut toucher les autres viticulteurs, mais comme le syndicat des viticul-

1. *Recueil de Procédure civile*, de Rousseau et Laisney, 1887, p. 49.

2. Jugement du 5 février 1897 ; arrêt du 4 juin 1897 ; Dalloz, 1898, 2, 129.

teurs de la Gironde était seul en cause et « qu'il
« n'est pas reproché aux fraudeurs d'avoir, par
« des moyens quelconques, tenté de persuader aux
« acheteurs que ces vins fraudés provenaient des
« chaix des membres du syndicat, ou avaient
« même été faits avec du raisin récolté dans le
« département de la Gironde », le syndicat n'a pas
été reconnu recevable dans son intervention.

Quant à la Cour de Nancy, elle a rendu un arrêt
en fait tout aussi étranger au fond de la question,
car elle ne se préoccupe, pour refuser l'action
syndicale, que de suivre les statuts qui restrei-
gnent l'objet du syndicat « à la défense des inté-
« rêts des marchands de vins en gros dans leurs
« rapports avec les chambres de commerce et
« les administrations publiques et particulières ».

Le différend était ici avec un particulier, l'association n'avait donc pas à intervenir. Remarquons
dans ces mêmes statuts que le syndicat peut, sur
la demande d'un de ses adhérents, le représenter
lorsque l'intérêt général est en cause : nous avons
fait allusion à ce système.

Voici maintenant quelques autres décisions : le
syndicat, suivant elles, ne peut intervenir, parce
que des intérêts individuels sont seuls en cause.
Le Tribunal d'Evreux, le 21 octobre 1887, avait
à statuer sur l'action d'un syndicat agricole

qui demandait une indemnité pour le dommage survenu aux propriétés de plusieurs de ses membres, du fait de lapins d'une chasse voisine. On spécifiait dans l'assignation les noms des propriétaires lésés; le Tribunal jugeant : « que le but « de cette action est nettement précisé et défini « par Lepouzé lui-même, dans son assignation ; « qu'il poursuit comme président du Syndicat, et « au nom de ce syndicat, les réparations dues à des « propriétés privées de certains de ses membres, « à raison des dégâts commis par les lapins de la « forêt de Pacy », débouta l'association. Un autre syndicat agricole se présenta dans les mêmes circonstances devant le Tribunal d'Arras, le 13 juin 1888, et vit son action repoussée parce que le syndicat ne doit agir que dans l'intérêt de l'association, et non de quelques membres à l'exclusion des autres.

Voici encore deux syndicats de brasseurs qui ont poursuivi un sieur Louyot, brasseur lui-même, pour usurpation de marque de fabrique, et lui ont demandé des dommages-intérêts. Trente-neuf des syndiqués lésés s'étaient joints à la poursuite. La Cour n'accueillit pas l'action syndicale, soutenant qu'il n'y avait que des préjudices individuels, et par conséquent que ceci ne regardait pas le syndicat.

Dans toutes ces actions, il y avait bien des pré-

judices particuliers ; mais si certains des membres
avaient été spécialement lésés, la collectivité entière
avait subi un préjudice, principalement dans le
cas d'usurpation de marque de fabrique. Ces tribunaux n'ont donc pas suivi la jurisprudence jusqu'ici établie, à ce qu'il nous semble.

Voici encore un jugement qui refuse toute
action aux syndicats, alors que les intérêts de
tous ont été lésés, après avoir admis en principe
l'action syndicale dans l'intérêt collectif.

Le juge de paix de Nice, le 19 mars 1887, avait
à trancher un différend entre un boucher, qui
avait vendu sur son étal de la charcuterie, et le
syndicat des charcutiers qui le poursuivait en
concurrence déloyale. Il décida que l'action n'était
pas donnée pour sauvegarder et « défendre les
« intérêts privés de chacun des membres qui les
« composent (les syndicats), lesquels ont seuls
« qualité pour se plaindre d'un fait qui pourrait
« porter atteinte à leurs intérêts demander répa-
« ration du dommage causé et dont eux seuls
« pourraient justifier », et il refuse de voir ici
autre chose que quelques droits individuels lésés.
Mais cependant il y avait bien eu une lésion pour
tous et le syndicat agissait, ce nous semble, pour
sa réparation. Sinon, dans quels cas trouve-
rions-nous l'intérêt collectif lésé ? Cette décision

est donc particulièrement différente et en contradiction avec les autres.

Ces derniers arrêts sont si restrictifs dans leurs autres motifs qu'ils mériteraient, s'ils n'avaient posé le principe de l'action syndicale dans l'intérêt collectif, de figurer dans l'opinion admettant l'interprétation restrictive de la loi, opinion qui refuse toute action au syndicat en dehors des questions relatives à son patrimoine et à sa considération propres. Le tribunal d'Arras le montre par les motifs suivants : « que des termes même des « statuts du syndicat, et aussi de ceux de l'exploit « d'assignation, il résulte que les champs dont les « récoltes auraient été dévastées sont exploités, « non pour le syndicat lui-même, dans l'intérêt et « pour le compte de l'association, mais par certains des membres du syndicat lui-même, dans « leur intérêt privé ; qu'aucun préjudice n'a été « souffert par le syndicat, etc. ».

Le tribunal de Nice déclare aussi « que dans « l'espèce le syndicat des charcutiers ne peut « souffrir ni justifier d'aucun préjudice du fait « que le boucher Thérésius Giaume vend de la « charcuterie dans le même magasin où il débite « de la viande de boucherie, parce que le syndi- « cat, ne vendant pas, n'a pas de clientèle qui « puisse être réduite, ni de profits qui puissent « diminuer ».

Et la Cour de Paris ajoute aux motifs que nous avons transcrits : « que si le syndicat des entre-
« positaires de bières de Paris justifie d'une orga-
« nisation et de statuts réguliers, il est également
« constant que ces mêmes corporations ne sont
« ni propriétaires d'une marque de fabrique spé-
« ciale, ni copropriétaires ou cessionnaires d'au-
« cune des marques appartenant à leurs membres
« syndiqués ».

Il y a un flottement dans ces décisions, qui montre combien ces questions sont délicates.

D'autres dommages peuvent être causés à la collectivité. Un jugement, par exemple, lui porte grief : le syndicat sera-t-il reçu tiers-opposant? Le cas s'est présenté pour le syndicat de l'ameuble-ment devant le tribunal de commerce de la Seine, le 1er mai 1886 (1). La tierce-opposition a été reconnue valable, car il était de l'intérêt de tous que le jugement préjudiciable tombât. Si encore un arrêté administratif vient léser tous les membres d'un syndicat, peut-il en poursuivre l'annulation devant le Conseil d'Etat ? Ceci s'est présenté deux fois : le 25 mars 1887 pour un règlement de police sur les bains ; le syndicat des Bains de Paris et de

1. *Journal des Tribunaux de Commerce*, 1887, p. 214.

2. M. Valabrègue, commissaire du Gouvernement, disait à ce propos dans son rapport : « C'est la première fois qu'un « syndicat professionnel se présente devant vous pour sou-

la Seine a eu gain de cause, et le 3 juin 1892 (1)
pour un arrêté du maire de Bolbec voulant interdire aux bouchers établis de vendre des viandes
ne sortant pas de l'abattoir municipal, quand les
forains pouvaient toujours en débiter d'autres.
L'arrêté fut annulé sur la demande du syndicat
des bouchers.

La lésion commune donne donc naissance à une
action syndicale. Nous trouvons encore dans la
pratique, que la demande de mesures de protection
dans l'intérêt de tous pour l'avenir, lorsqu'on
craint un dommage ou la continuation d'un dommage, peut donner lieu à l'intervention du syndicat. Un syndicat de poissonniers de la Somme avait
à se plaindre de l'empoisonnement des eaux des
étangs de ses membres par des raffineries de
sucre. Il demandait que deux mesures de protection fussent accordées pour l'avenir. Le tribunal de
Péronne, le 22 mars 1894, prétendit qu'il ne pouvait y avoir ici d'action syndicale, tout en admettant, en principe, le syndicat à intervenir dans un

« tenir les intérêts de la profession qu'il représente... le
« bureau du syndicat peut au nom de l'association défendre
« les intérêts commerciaux et industriels de cette profession ;
« il a qualité pour porter devant vous les réclamations rela-
« tives à l'ordonnance, qui lèse les intérêts des commerçants
« qu'il représente » ; Dalloz, 1888, 3, 57.

1. Dalloz, 1893, 3, 102.
2. Dalloz, 1895, 2, 553.

intérêt collectif, « attendu que l'on ne rencontre
« pas dans cette association une centralisation
« d'efforts sous une seule et même inspiration pour
« la protection et la défense d'intérêts profession-
« nels communs, mais une série d'actions indivi-
« duelles où les revendications particulières
« dominent les besoins de tous ».

La Cour d'Amiens, le 13 mars 1895, accueillit
la demande, infirmant le jugement de Péronne.
Elle suivit la théorie habituelle de la jurisprudence, constatant que les intérêts de chacun étaient
tous en cause, « considérant qu'il est allégué que
« tous les étangs des syndiqués sont contaminés
« par les eaux usinières ; considérant que ces
« étangs communiquent d'ailleurs entre eux soit
« directement, soit indirectement et que les germes
« morbides, qui seraient apportés dans quelques-
« uns seulement, se propageraient nécessairement
« dans tous les autres ; considérant que, dans ces
« conditions, il est manifeste que les deux mesures
« sollicitées ont pour objet un intérêt commun et
« collectif, qu'elles n'ont d'autre but, en effet, que
« d'empêcher le dépeuplement des étangs dont tous
« les syndiqués auraient également à souffrir ».

La Cour de cassation rejeta, le 5 janvier
1897 (1), le pourvoi formé contre cet arrêt : elle

1. Sirey, 1897, 1, 212 ; Dalloz, 1897, 1, 120.

adopte les motifs de la Cour et ajoute que les mesures sollicitées par le plaignant ès-qualités ont pour objet, non pas uniquement de donner satisfaction à des intérêts purement individuels, mais bien d'assurer, dans un intérêt professionnel et général, la reproduction et la conservation du poisson.

Qu'il y ait des intérêts individuels, c'est possible; mais, comme ils sont professionnels et communs à tous, le syndicat doit intervenir : la Cour d'Amiens l'a bien fait ressortir, d'accord avec les décisions précédentes.

Quel est le rôle du syndicat intervenant dans l'intérêt de ses membres? C'est, ce semble bien, un mandataire légal : le syndicat a le mandat de représenter ses membres, lorsque l'intérêt collectif est en cause.

L'arrêt de la Cour de Paris, du 17 novembre 1887 (1), déclare que les syndiqués « ont intérêt à « poursuivre par l'organe d'une société qui les « représente ».

La Cour de Lyon, les 8 et 15 mars 1888 (2), emploie les mêmes termes. Un jugement de Troyes, du 31 janvier 1894, dit aussi que le syndicat est le mandataire de ses membres. De même

1. *Revue des Sociétés*, 1888, p. 184.
2. Dalloz, 1889, 2, 257.

encore le jugement du tribunal de commerce de la Seine, du 1er mai 1886.

Il y a sans doute exception à la règle : « nul ne « plaide en France par procureur » ; mais c'est une exception légale, car le syndicat est chargé par la loi de défendre les intérêts communs. Cette exception n'existe pas en dehors de l'intérêt collectif, et la règle reprend son empire pour les intérêts particuliers : Le jugement d'Evreux, en 1887, le proclame. --- Le préjudice subi n'est pas toujours facile à déterminer ; mais il importe peu : l'arrêt de la Cour de Lyon, du 15 mars 1888, et le jugement de Paris, du 16 décembre 1891, le déclarent expressément : « attendu, dit ce dernier, que sans doute « l'évaluation d'un préjudice envisagé de cette « manière peut présenter certaines difficultés, mais « que ces difficultés ne sauraient être un obstacle « légal à l'intervention de la partie civile ».

§ 2. — Action contractuelle.

a. *Contrat.* — Les syndicats, dans cette opinion, peuvent faire les contrats dans l'intérêt collectif : tels peuvent être les contrats de travail. Les arrêts citent les travaux préparatoires, qui visent expressément ces questions. Cette jurisprudence n'a pas parlé d'autres conventions que les syndicats pourraient

faire. Tous les syndiqués doivent être intéressés ;
on peut même penser qu'il suffirait qu'une catégorie le fût : les apprentis par exemple. Le Tribunal de commerce de Nantes (13 avril 1897) (1),
nous montre cependant qu'un syndicat composé
des ouvriers de plusieurs usines ne peut contracter seulement pour les ouvriers d'une seule : il
n'y a pas là évidemment pour lui une catégorie.

Quel est le rôle du syndicat contractant ? Suivant les jugements des tribunaux de commerce
de la Seine, du 4 février 1892 (2), et de Cholet,
du 12 février 1897 (3), le syndicat est partie au
contrat : le dernier jugement dit, en effet, que le
syndicat plaide pour lui. Au contraire, suivant
l'arrêt de Dijon, du 23 juillet 1890 (4). le syndicat
contracte comme mandataire de ses membres.
Des conséquences graves résulteront de cette diver-
gence d'idées pour les actions.

b. *Action*. — Les actions contractuelles sont

1. *Revue des Sociétés*, 1898, p. 131
2. *Revue des Sociétés*, 1893, p. 197 ; *La Loi*, 5 février 1892.
3. *Revue des Sociétés*, 1897, p. 505.
4. Dalloz, 1893, 1, 241 ; Sirey, 1896, 1, 529 ; Pandectes
françaises, 1894, 1, 1. L'arrêt de la Cour de Cassation dans
cette affaire semble déclarer que le syndicat peut en principe
contracter en son nom. La Cour, en effet, rend une décision
d'espèce le 1er février 1895, reconnaissant que dans la circons-
tance le Syndicat n'avait été que mandataire.

permises aux syndicats lorsque l'intérêt commun
est en cause.

Le Jugement du Tribunal de commerce de la
Seine de 1892 décide « qu'en effet, tout syndicat
« professionnel organisé conformément à la loi
« du 21 mars 1884... forme une personne civile,
« ayant ses droits et sa capacité essentiellement
« distincts de ceux qui appartiennent individuel-
« lement à chacun de ses membres, qu'il peut
« ester en justice mais seulement pour la défense
« des intérêts communs et collectifs en vue des-
« quels il a été créé; d'où il suit qu'il n'est rece-
« vable que dans les instances où le jugement à
« intervenir est de nature à intéresser l'associa-
« tion, et non l'un ou plusieurs des membres du
« syndicat, à l'exclusion des autres ».

La même idée nous apparaît dans le jugement
du Tribunal de Cholet, de 1897, motivé ainsi :
« attendu qu'il ressort clairement des travaux
« préparatoires du texte et de l'esprit de la loi du
« 21 mars 1884, que le législateur n'a point enten-
« du confiner les syndicats professionnels dans le
« domaine purement abstrait des questions théo-
« riques ; qu'en exprimant, aux termes de l'ar-
« ticle 3, qu'ils ont pour objet non seulement
« l'étude, mais encore la défense des intérêts éco-
« nomiques, industriels, commerciaux et agri-

« coles, il leur a ainsi attribué le pouvoir, non pas
« assurément de s'ingérer dans les affaires pure-
« ment personnelles de tels ou tels de leurs mem-
« bres, pris individuellement, mais le droit de
« contracter, et, par conséquent, puisqu'on ne sau-
« rait concevoir une obligation sans sanction, le
« droit d'ester en justice pour y soutenir les inté-
« rêts de la généralité des syndiqués ».

Les actions collectives, ce sont les actions en
interprétation en premier lieu. Le jugement de la
Seine, précité, avait précisément à interpréter un
contrat entre la Compagnie des omnibus et le
Syndicat des employés. Ce sont encore les actions
en exécution du contrat dans l'avenir. Le même
jugement condamne ainsi la Compagnie à exécuter ses engagements, sous une astreinte pénale de
100 francs par jour de retard pendant un mois.
Le tribunal de Cholet statue dans le même sens en
condamnant un industriel à l'exécution du contrat,
sous une astreinte pénale de 50 francs par jour
de retard pendant le même délai.

Le jugement du tribunal de commerce de Nantes,
du 13 avril 1897, refuse au syndicat d'agir en justice pour l'exécution d'un contrat sans avoir examiné la question au fond. Selon lui, l'intérêt collectif n'était pas en cause, puisque le contrat n'avait
été fait que pour les ouvriers d'une seule usine :

on ne peut conclure de cette décision que l'impossibilité d'agir pour le syndicat, quand tous ses membres ne sont pas engagés ; l'engagement d'une catégorie ne suffit pas : c'est restrictif.

Pour l'inexécution passée du contrat, il peut y avoir une action en dommages-intérêts. Le syndicat pourra-t-il l'intenter ? Le tribunal de commerce de la Seine a envisagé deux points de vue dans ses motifs : « Attendu que la chambre syn-
« dicale fait plaider que, par suite du refus de la
« Compagnie des omnibus d'observer les conven-
« du 26 mai, elle a éprouvé un préjudice moral
« et un préjudice matériel, dont elle serait fondée
« à demander réparation, attendu, en ce qui touche
« le préjudice moral, que le rappel de la Compa-
« gnie des omnibus au respect de ses engage-
« ments, et la condamnation de celle-ci aux
« dépens, sont la seule réparation à laquelle la
« chambre syndicale puisse prétendre ; attendu,
« en ce qui touche le préjudice matériel, que la
« demande de la chambre syndicale n'est pas
« recevable, etc... » (1)

Il y a donc un préjudice pour le syndicat qui a contracté, et il peut agir dans cette mesure ; mais quant aux préjudices individuels, c'est à chaque

1. Voir p. 34 la suite de l'arrêt.

membre lésé d'en obtenir réparation — suivant le tribunal.

Dans l'affaire de Chauffailles, les Cours n'ont vu que le préjudice subi par quelques syndiqués. Un contrat fixant la durée du travail et le taux des salaires avait été fait entre un syndicat de tisseuses et les patrons de l'usine. Prétendant que le contrat n'avait pas été respecté, en ce sens que les conventions avaient été modifiées vis-à-vis de quelques-unes des ouvrières, le syndicat demandait 3.000 francs de dommages-intérêts.

Le tribunal de Charolles, sans s'occuper de la nature juridique du contrat fait par les tisseuses, admit, le 18 février 1890, la recevabilité de la demande. « Considérant que les demandeurs ne « réclament des défendeurs que le paiement des « salaires stipulés par le syndicat au profit de ses « membres, et l'observation de la durée du tra- « vail fixée d'accord ; que, dans ces conditions, on « ne saurait méconnaître que l'instance dont s'a- « git rentre absolument dans les dispositions de « la loi de 1884, qu'on ne peut refuser au syndicat « une action pour demander aux sieurs Viallar, « Guéneau et Chartron l'accomplissement des obli- « gations que la loi l'autorisait à contracter avec « eux ou des dommages-intérêts en cas de non- « exécution ; que les dits Viallar, Guéneau et

« Chartron, en refusant de payer le salaire con-
« venu à un certain nombre d'ouvrières, ou en
« exigeant d'elles une plus grande somme de tra-
« vail, lésé les droits généraux du syndicat, etc., »
et le tribunal ajoutait qu'il y aurait contradiction
à permettre au syndicat de contracter et à lui défendre de poursuivre l'exécution de son contrat.
Le jugement avait constaté un préjudice pour la
collectivité ; l'action syndicale fut déclarée recevable.

Mais la Cour de Dijon et la Cour de cassation
ne voulurent pas prendre la question en ce sens.

D'abord, précisent-elles, le syndicat n'a été que
mandataire en contractant ; il ne peut donc éprouver de préjudice, comme le syndicat des omnibus
dont nous avons parlé. Puis, ajoutent-elles, quelques intérêts individuels ont été lésés : cela importe très peu au syndicat, qui n'a pas à agir
pour les défendre. La règle « nul ne plaide en
« France par procureur » s'y opposerait d'ailleurs.

D'autre part, ces arrêts sont si restrictifs dans
leurs motifs que, même s'ils avaient vu un intérêt
collectif, on peut se demander si cette règle ne
viendrait pas toujours interdire toute intervention
en faveur des syndiqués. On pourrait donc les mettre, pour l'action du moins, parmi ceux qui soutien-
nent l'opinion opposée. La reconnaissance de la

validité du contrat nous les fait, seule, maintenir
ici.

Nous avons encore bien plus fortement cette
impression avec le jugement de la Justice de Paix
de Saint-Nazaire du 15 mars 1894 (1), à propos de
l'inexécution d'un contrat fait par les ouvriers
déchargeurs avec leurs entrepreneurs : le contrat
semble devoir être reconnu valable, en principe,
quand il est fait par le syndicat ; mais l'action est
déclarée irrecevable, parce qu' « en matière de syn-
« dicat professionnel, il est de principe et de juris-
« prudence que le droit d'agir en justice, qui leur
« est reconnu par l'article 6 de la loi du 21 mars
« 1884, ne peut être exercé que quand il s'agit de
« la défense des intérêts inhérents à leur personna-
« lité juridique, et non quand il s'agit, comme
« dans l'espèce, de la défense des droits individuels
« de leurs adhérents ».

La question est en définitive très confuse ; et la
fameuse règle « nul ne plaide, par procureur » ne
contribue pas peu à l'embrouiller ; elle s'appli-
querait donc ici, à moins que le syndicat ne plaide
pour sa personnalité juridique. Seuls, les arrêts
qui pensent que le syndicat a été partie contrac-
tante ne se préoccupent pas de la règle, tant que

1. *Le Droit*, 29 mars 1894.

l'intérêt collectif est en cause, du moins, tandis que les arrêts de Chauffailles, qui ne voient dans le syndicat qu'un mandataire, semblent écarter toute action syndicale.

Nous verrons si vraiment la loi de 1884 a entendu tenir un si grand compte de ce vieil adage.

Section II. — Opinion restrictive.

Cette opinion refuse au syndicat le droit d'agir pour défendre les intérêts de ses membres.

Nous verrons avec M. Planiol, dans l'étude des auteurs, quel peut être l'intérêt que défend le Syndicat. Bornons-nous à dire ici, les arrêts n'ayant pas été explicites, que certainement il n'est pas composé des intérêts individuels réunis de ses membres, intérêts qu'ils pourraient défendre eux-mêmes.

Si l'article 6 donne le droit aux syndicats d'agir et de contracter, c'est pour lui-même lorsqu'il s'occupe de son patrimoine.

Voyons les arrêts.

§ 1. — *Action délictuelle.*

L'arrêt d'Aix du 26 janvier 1887 est nettement

---

1. Pandectes françaises 1887, 2, 214 et *Recueil de Procédure civile* de Rousseau et Laisney, 1887. p. 49.

en ce sens. Mais nous nous souvenons que les décisions d'Evreux et d'Arras pour les syndicats agricoles, de Paris pour les syndicats de brasseurs, et
de Nice pour un syndicat de charcutiers sont, en
fin de compte, tout aussi restrictifs.

L'arrêt d'Aix infirme un jugement du tribunal
de Commerce de Nice de 1886, que nous avons
cité. Il y avait poursuite en concurrence déloyale
d'un sieur Rosset par le syndicat des tissus.
L'arrêt repousse l'action syndicale « attendu que
« l'action n'a jamais pour objet, ni la considéra-
« tion du syndicat, à laquelle il aurait été porté
« atteinte par Rosset, ni son patrimoine sur lequel
« il aurait entrepris..... que si, par son arti-
« cle 6, la loi du 21 mars 1884 reconnaît aux
« syndicats professionnels le droit d'ester en jus-
« tice, c'est pour la défense des intérêts inhérents
« à leur personnalité juridique ; que leur action
« est non recevable, si, comme dans l'espèce, elle
« a pour objet les droits individuels de leurs adhé-
« rents, qu'il est de maxime en France que nul
« n'y plaide par procureur ».

L'arrêt ne veut donc voir que des intérêts individuels lésés, sans s'occuper s'ils sont collectifs. Il
n'entre pas, selon lui, dans le rôle du syndicat de
les défendre, de protéger la profession. Il y aurait
même un inconvénient, c'est que les syndicats

auraient un pouvoir de réglementation, de police, que rien ne leur confère.

§ 2. — *Action contractuelle.*

Les syndicats n'ont pas à contracter pour leurs membres. Un jugement du tribunal civil de la Seine, du 23 juin 1896 (1), refuse de leur reconnaître ce droit : il s'agissait d'un syndicat de bouchers de Paris, qui avait fait un contrat avec la ville pour une taxe d'assurance. Le syndicat représentait tous ses membres. Le jugement déclare que « les syndicats professionnels ne sont pas les « ayants-droits des membres qui les composent ; « qu'ils n'ont point qualité pour engager person- « nellement ceux-ci vis-à-vis des tiers. »

C'est net, ce nous semble.

Quant aux actions contractuelles, elles seront exclues à plus forte raison. Le jugement précité ne le dit pas expressément : dans l'espèce, il n'avait pas à se prononcer à ce sujet; mais implicitement la solution en résulte. Rappelons-nous. d'ailleurs, que les arrêts de Dijon en 1890 et de Cassation en 1893 dans l'affaire de Chauffailles, et surtout le jugement de Saint-Nazaire sont, en définitive, en ce

---

1. Pandectes françaises, 1899, 2, 82 ; *Revue des Sociétés,* 1896, p. 485.

sens ; la règle « nul ne plaide en France par procureur » est à leurs yeux si importante qu'aucune
dérogation n'est possible ici.

Nous avons encore un arrêt de la Cour de Douai,
du 8 mars 1892, qui, par sa complexité, demande
à être examiné à part.

Il s'agissait d'un syndicat agricole : le président,
qui faisait les commandes d'engrais, pouvait,
d'après les statuts, plaider contre les marchands
qui ne rempliraient pas leurs engagements. Il le
fit, obtint une somme dérisoire, et ayant appelé,
vit son appel déclaré irrecevable, le chiffre de chaque demande étant inférieur à 1500.

La Cour cependant traite implicitement au fond
la question. Pour le contrat, d'abord, elle semble
bien ne pas admettre que le syndicat ait le droit
d'intervenir ; le président seul était intermédiaire
entre les marchands et les membres. Pour les
actions, bien qu'en principe l'action dans l'intérêt collectif soit déclarée valable, le président
du syndicat n'est pas admis à agir comme représentant de la personne morale du syndicat, dont
les intérêts ne sont pas en jeu, mais seulement
comme représentant des intérêts particuliers.

1. *Annuaire des Syndicats professionnels* du ministère du Commerce, 1892, p 453 ; *Revue des Sociétés*, 1892, p. 252.

Il semble donc encore que, pour cet arrêt, le syndicat n'a le droit d'agir que pour son patrimoine.

Nous en avons fini avec l'étude de la jurisprudence. Assez nette pour les actions délictuelles, elle le devient beaucoup moins pour les actions contractuelles. Nous verrons quelle est, quant à nous, la solution à donner dans tous ces cas.

CHAPITRE IV

Nous devons étudier, avant de donner notre opinion, les avis des jurisconsultes qui ont examiné la question. Ceux qui l'ont vue d'un peu près sont assez rares d'ailleurs : c'est dans quelques notes de jurisprudence, quelques articles de Revues, qu'ils ont émis leur théorie. Les livres font défaut sur la matière, et, dans les Traités même sur les syndicats, il y a peu de chose ; ou, du moins, l'explication du rôle joué par le syndicat, vis-à-vis de ses membres, n'est pas toujours donnée avec assez de clarté et de logique.

Les auteurs se partagent en deux catégories comme en jurisprudence ; les uns, les plus nombreux, admettent l'action syndicale, le contrat en faveur des membres ; les autres les refusent.

M. Planiol a soutenu cette seconde opinion avec une fermeté très convaincante ; logique jusqu'au bout, il refuse tout contrat comme toute action aux syndicats qui ne lui semblent pas faits pour

s'occuper des intérêts que chacun peut défendre ;
mais nous donnerons des explications sur sa théorie, plus loin ; voyons d'abord l'interprétation
large.

Section I. — Interprétation large.

Le mot « Intérêt économique » est pris ici dans
un sens très large. On peut dire avec un auteur
qu'il est l'ensemble des besoins matériels et intel-
lectuels des membres d'un syndicat, considérés
en vue de leur bien-être et de leur richesse. Chaque membre pourrait évidemment défendre cet
intérêt en ce qui le concerne, mais le syndicat est
très apte à le faire parce que les moyens ordinaires d'action qu'il emploie sont plus puissants
dans ses mains, et qu'il dispose seul de quelques-
uns.

Les intérêts de tous les membres, ou du moins
de toute une catégorie de ceux-ci, doivent être en
cause ; mais les auteurs n'ont pas tous vu de
même les conséquences en pratique : les uns
refusent au syndicat le droit d'agir, si quelques
intérêts sont plus spécialement lésés, pour obtenir
la réparation due en raison de ces lésions, les
autres, au contraire, le lui accordent. M. Wahl,
enfin, ne veut pas que l'on confonde les mots

intérêt collectif et intérêt professionnel, et il admet que le syndicat peut défendre l'intérêt professionnel d'un seul individu : l'intérêt étant commun puisqu'il est professionnel, il voit sans doute pour cette raison la possibilité pour le syndicat d'intervenir ; en fait, il arrive aux mêmes solutions pratiques que les derniers. Les intérêts non professionnels de leurs membres seraient les seuls dont le syndicat n'aurait pas à s'occuper d'après lui.

Quoi qu'il en soit, lorsque l'intérêt professionnel commun est en cause, l'action du syndicat est recevable, délictuelle ou contractuelle, et le contrat est possible (1). C'est en rapprochant les articles 3 et 6 de la loi de 1884 que les auteurs peuvent soutenir cette théorie. Etant inscrits dans la même loi, quelle que soit leur diversité, ces deux articles doivent servir à leur interprétation réciproque. Les auteurs voient de grands avantages dans cette action syndicale : elle supprime toutes sortes d'actions individuelles et facilite considérablement la reconnaissance des droits professionnels, qui, particulièrement dans les syndicats ouvriers, seraient sans doute assez mal défendus par leurs titulaires.

1. Il y a, bien entendu, d'autres moyens d'action pour les Syndicats ; nous ne nous en occupons pas ici.

M. Hubert-Valleroux (1) nous dit en substance, à ce sujet, qu'il serait regrettable d'exercer cent actions lorsqu'une seule peut suffire ; que le but de l'association doit être d'économiser les forces individuelles, et qu'on peut admettre une action collective lorsqu'il y a un préjudice commun. Il exprime cette même idée dans de nombreuses notes, pour les contrats, et, par conséquent, pour les actions qui en naissent (2).

M. Hubert-Valleroux voit, dans ces circonstances, le syndicat remplir un rôle vraiment utile et pratique. On ne le laisse pas devenir un simple organisateur de grèves, et l'auteur montre combien il serait peu juridique de voir seulement une défense des intérêts professionnels dans le fait d'organiser des troubles et de les perpétuer : la loi de 1884 n'a pu avoir pour but de favoriser la violence ; elle a dû vouloir permettre l'emploi de moyens licites.

M. Voron (3) dit aussi qu'il ne peut comprendre « que le syndicat soit capable seulement d'agir

1. *Revue des Sociétés*, 1887, p. 255 ; *Economiste français*, 1891, 1er sem. p. 4.

2. *Revue des Sociétés*, 1893, p. 172 ; 1896, p. 485 ; 1897, p. 183 ; 1898, p. 104.

3. *Revue catholique des Institutions et du Droit*, 1897, 1er semestre, pp. 328 et s.

« par la persuation des requêtes et des discus-
« sions et la violence des grèves. »

Nous citons encore M. Wahl (1), qui s'élève
contre cette incapacité des syndicats d'agir pour
leurs membres, comme il s'élève dans un passage
précédent contre l'incapacité de contracter.

« Nous tenons pour certain, dit-il, que les syn-
« dicats peuvent agir en justice pour les intérêts
« professionnels de leurs membres en général.

« Cette solution est, tout d'abord, seule con-
« forme à l'esprit de l'institution. Les syndicats
« ont été autorisés pour permettre la coalition des
« intérêts professionnels, et cette coalition serait
« insuffisamment protégée si chacun des syndi-
« qués devait veiller à la sauvegarde de ses inté-
« rêts professionnels ; si la loi a voulu que dans
« les conventions les membres d'une même pro-
« fession pûssent unir leurs forces, les mêmes
« raisons commandent de leur permettre d'unir
« leurs forces dans les actions judiciaires. Il y a
« même pour le décider ainsi deux raisons de
« plus : ce sont, d'une part, la difficulté que peut
« avoir un ouvrier (nous répétons que la loi de
« 1884 a surtout songé aux ouvriers) à débourser
« les frais d'une instance et d'autre part l'écono-

1. Sirey, 1896, 1, 329. Sa théorie de l'intérêt professionnel
perce dans ce passage.

Paul Courot   4

« mie qu'une action unique, engagée par le syn-
« dicat, apporterait dans le montant de ses frais.
« Aussi les auteurs mêmes, qui refusent aux
« syndicats le droit d'ester en justice pour les
« membres, reconnaissent-ils que cette solution
« est fâcheuse. »

Divisons maintenant l'étude des actions :

§ 1. — *Action délictuelle.*

On a fait remarquer que la loi de 1892 sur l'exercice de la médecine, confirmait la possibilité pour
les syndicats d'agir dans l'intérêt de leurs membres.

Voyons comment et dans quels cas les jurisconsultes accordent cette action syndicale.

M. Voron (1) admet l'action du syndicat pour
défendre l'intérêt collectif.

L'intérêt peut être collectif parce qu'il y a une
lésion commune. « Il y a des lésions, dit-il, qui
« atteignent une profession bien plus nettement
« que les individus ; les membres de cette pro-
« fession et mieux encore, s'il est constitué, le
« syndicat, organisme qui personnifie la profes-
« sion, ont le droit de demander réparation du

---

1. *Revue catholique des Institutions et du Droit,* 1897, 2ᵉ semestre, pp. 42 et s.

« dommage. » Plus loin, il caractérise ces lésions communes « on les reconnaîtra à ce signe qu'un « simple particulier ne sera pas qualifié pour agir, « ses droits étant trop incertains ou trop mini- « mes », et il dit encore « l'action collective telle « que je l'entends pourrait bien à la rigueur « figurer dans un patrimoine privé, mais alors « si vague, si incertaine, si faible, que les parti- « culiers ne songent pas à l'intenter ». Et il re- connaît en même temps que si un des membres a été spécialement lésé, celui-ci doit agir pour de- mander réparation. L'intérêt collectif ainsi en- tendu, il le rencontre dans les actions en con- currence déloyale, en poursuite de fraudes, en exercice illégal par exemple.

Il reconnaît encore, lorsque la volonté com- mune l'a décidé ainsi, que l'action peut être collec- tive, et peut être, par conséquent, intentée par le syndicat : l'action de propriétaires lésés par suite de dommages causés à leurs récoltes est ainsi individuelle en principe ; mais le syndicat pourra l'exercer si on lui a donné comme objet la pour- suite de ces réparations. La demande de mesures de protection, le recours en conseil d'Etat pour faire annuler un arrêté administratif pour excès de pouvoir lui semblent pouvoir être faits par un syndicat pour la même raison.

Beaucoup d'auteurs posent la règle que le syndicat peut agir dans l'intérêt collectif et général de la profession et sont toutefois très peu explicites. Voici par exemple MM. Glotin (1), André et Guibourg (2), Labat (3), Gain (4), Alpy et Boulot (5), Labori (6), Pelletier (7).

M. Glotin déclare ainsi que « pour être recevables les actions exercées par les syndicats « doivent avoir pour objet un intérêt général et « collectif, et non les intérêts particuliers des « membres syndiqués », M. Labat donne le critérium qui permet de distinguer les cas où le syndicat doit agir, du moins, dans les actions en dommages-intérêts : Si les dommages-intérêts doivent profiter à tous, il y a lieu à l'action syndicale ; s'ils profitent seulement à quelques-uns, les individus ont à poursuivre respectivement la réparation du préjudice.

C'est M. Glotin qui a envisagé le plus à fond la question et il reconnaît aux syndicats le droit

1. *Syndicats professionnels*, pp. 214 et s.

2. *Code ouvrier*, pp. 333 et s.

3. *Thèse*, 1893 ; *Syndicats agricoles*, pp. 197, 198 (Toulouse).

4. *Les Syndicats professionnels agricoles*, p. 162 s.

5. *Guide pratique des Syndicats professionnels*, p. 47.

6. Labori : *Répertoire du Droit français*, Verbo, *Syndicats professionnels*, n°s 49 et s.

7. *Manuel pratique de Droit commercial*, Verbo, *Syndicat professionnel*, n° 34.

d'exercer l'action en concurrence déloyale, en exercice illégal, le droit de poursuivre l'annulation d'un arrêté administratif ou de faire tomber un jugement par la tierce-opposition, lorsque les intérêts de tous lui paraissent bien en cause.

Mais certains auteurs, MM. Gain, Labori, Alpy et Boulot (1), par exemple, vont jusqu'à enregistrer les arrêts les plus contradictoires, sans essayer de les classer : L'arrêt d'Aix leur semble excellent par exemple ; quoi qu'il en soit, tous refusent d'admettre l'intervention syndicale, lorsqu'ils croient ne voir en cause que l'intérêt d'un ou de quelques membres.

D'autres jurisconsultes sont plus précis tout en étant plus larges en même temps : Même si le dommage a été causé plus spécialement à quelques-uns des syndiqués, le syndicat doit intervenir.

MM. Bry (2), Pic (3), Jay (4), Hubert-Valleroux (5) défendent cette théorie.

1. On peut même se demander avec MM. Alpy et Boulot, quand il pourrait être possible d'intenter une action ; dans tous les exemples qu'ils citent, ils ne voient pas, ce semble, un cas d'action syndicale.

2. *Précis de législation industrielle*, pp. 260 et s,

3. *Précis de législation industrielle*, pp. 131 et s.

4. *Revue d'économie politique*, 1894, pp. 303 et s. ; Organisation du travail par les Syndicats professionnels.

. *Revue des Sociétés*, 1888, p. 53 ; 1887, p. 255 ; 1888, p. 184 ;

M. Bry écrit dans son traité que le syndicat peut
agir pour les questions qui intéressent l'ensemble
des syndiqués, bien que des droits individuels
aient été lésés et que les syndiqués puissent agir
individuellement en dommages-intérêts.

Avec M. Pic, il explique que l'action en exercice illégal de la pharmacie, et en dommages-
intérêts, est bien de cette nature ; il pense que
quelques membres surtout ont été lésés; mais
comme l'intérêt professionnel est en cause, le
syndicat peut agir; M. Pic cite l'arrêt de Paris du
16 décembre 1891, qui lui paraît conforme à son
dire.

M. Hubert-Valleroux applique sa théorie à propos d'une espèce que nous avons vue devant la
Cour de Paris en 1896 pour les syndicats de brasseurs (1). Un certain nombre de membres se plai-
gnaient, nous nous en souvenons, de l'usurpation
de leur marque de fabrique : l'auteur déclare
qu'on aurait dû admettre l'action syndicale, car
la profession entière était intéressée.

Pour tous ces auteurs les actions en exercice
illégal, en concurrence déloyale (2), les poursuites

1890, p. 39 ; 1890, p. 309 ; 1897, p. 130 ; 1898, p. 104 ;
Economiste françnis, 1891, 1er sem. p. 4, 1897, 1er sem. p. 327 ;
Réforme sociale, 1898, p. 314.

1. *Revue des Sociétés*, 1898, p. 104.

2. *Revue des Sociétés*, 1887, p. 254. M. Hubert-Valleroux

de fraudes, les demandes de mesures de protection, les recours en annulation de règlements devant le conseil d'Etat, etc. sont permis lorsque l'intérêt collectif est en cause.

Ils ne le voient jamais dans un cas spécial, celui du dommage causé par des lapins aux propriétés de quelques membres de syndicats agricoles ; le dommage ne peut être ici qu'individuel, et le syndicat ne peut agir (1).

M. Wahl ne parle pas d'intérêt collectif, nous l'avons dit, mais d'intérêt professionnel ; c'est le seul dont la défense soit confiée, à son avis, au syndicat.

La lésion n'a donc besoin d'exister que chez un ou quelques-uns des membres, pour que le syndicat intervienne, du moment qu'elle atteint leur intérêt professionnel. M. Wahl (2) admet le syndicat à intervenir dans toutes les actions citées, et

s'insurge particulièrement contre l'arrêt d'Aix, de 1887, qui refuse toute action au syndicat, bien que cette action lui paraisse avoir « un mobile honorable ». Dans l'*Economiste français* de 1891, 1er semestre, p. 4, il insiste sur le but du syndicat « d'assainir le commerce ».

1. M. Hubert-Valleroux (*Revue des Sociétés*, 1888, p. 53) déclare sous l'arrêt d'Evreux, en note, que si l'action syndicale avait été intentée pour demander des mesures de protection dans l'avenir, elle aurait été admise.

2. M. Wahl admet même l'intervention du syndicat agricole dont les membres sont lésés, ce semble.

croit voir sa théorie appliquée par la Jurisprudence dans les actions en concurrence déloyale.

L'action syndicale est donc très largement accordée par tous ces auteurs ; ses avantages sont d'ailleurs si grands, comme ils nous l'ont fait remarquer !

Quel a été le rôle du syndicat demandeur en justice dans l'action délictuelle ?

Il semble bien avoir été un mandataire. M. Wahl, seul, s'est posé la question. La règle « nul ne plaide…, etc. », n'est pas appliquée ici, mais cela importe peu, puisque le syndicat est un mandataire légal.

M. Voron déclare que le syndicat, bien que ce ne soit pas lui qui ait subi la lésion, doit garder les dommages-intérêts, s'il en obtient, puisqu'il a fait les frais du procès. Cela lui permettra d'agir à nouveau dans la suite. Quant à M. Wahl, il demande que le syndicat rembourse aux victimes des dommages, les réparations qu'il a obtenues dans leur intérêt.

§ 2. — *Action contractuelle.*

a. *Contrat.* — Les syndicats peuvent contracter dans l'intérêt général et collectif de leurs membres, d'après tous les auteurs qui admettent l'interprétation large de la loi. Ils s'occupent surtout des contrats de travail. Les travaux préparatoires, qui expliquent l'importance des questions du travail, les confirment dans cette opinion.

M. Wahl nous explique dans sa note, qu'un contrat, pour être professionnel, n'a besoin que de concerner ceux qui ont un intérêt semblable. Tous les auteurs, qui admettent l'intervention du syndicat dans l'intérêt collectif de ses membres estimeront, ce nous semble, qu'un contrat concernant les apprentis n'a pas besoin d'intéresser les ouvriers adultes pour être collectif ; on pourrait donner d'autres exemples (1).

Mais aucun auteur ne vient dire, comme pour les actions délictuelles, (et nous verrons aussi pour les contractuelles) que le syndicat peut intervenir pour un seul de ses membres.

Ces contrats de travail sont-ils les seuls dont les auteurs aient parlé ?

Le syndicat ne peut-il intervenir encore dans d'autres ?

Les auteurs prévoient d'autres conventions dans l'intérêt des syndiqués : les achats et ventes de produits, de matières premières agricoles principalement. Mais, ces achats envisagés par eux à un

---

1. M. Hubert-Valleroux, *Revue des Sociétés*, 1897, p. 131, considère même qu'un syndicat peut contracter pour tous les ouvriers d'une seule usine. Quelques auteurs ne l'admettraient peut-être pas.

point de vue tout spécial, nous préférons étudier ces auteurs, à ce propos, dans un appendice à ce chapitre.

M. Hubert-Valleroux, seul, semble avoir examiné la question d'une façon générale ; il considère que les syndicats peuvent toujours engager leurs membres en traitant à titre de mandataires, dans l'intérêt collectif comme pour les contrats de travail.

Il cite d'abord les contrats d'achats d'engrais ; le syndicat peut venir déterminer les conditions et conclure le marché (1) ; il commande pour ses membres les quantités de produits, dont ils ont besoin ; mais ce sont les syndiqués qui ont contracté, le syndicat n'a été que mandataire. De même, voici une convention avec une administration publique, le syndicat l'a faite pour tous : ce sont les syndiqués toujours, qui contractent — et le syndicat ne s'engage pas en son nom.

M. Hubert-Valleroux nous a donc, par ces exemples, fait entrevoir au moins le rôle du syndicat dans les conventions.

Nous venons de voir à quel titre le syndicat

1. *Revue des Sociétés*, 1897, pp. 183 et s. ; *Revue catholique des Institutions et du Droit*, 1er semestre 1895.

2. *Revue des Sociétés*, 1896, p. 485 ; 1897, p. 183 s. ; *Réforme sociale*, 1898, p. 314 ; *Economiste français*, 1897, 1er sem., p. 327.

intervenait dans les contrats, d'après M. Hubert-Valleroux. Qu'en pensent les auteurs, qui sur ce point ont donné leur opinion ?

Les uns, M. Voron (1), M. Wahl voient aussi dans le syndicat un mandataire légal, M. Voron ajoute ou un gérant d'affaires. M. Wahl, qui a examiné d'assez près la question, déclare que toutes les objections qu'on a faites à cette théorie lui semblent réfutables. S'il n'y a pas de procuration expresse, c'est quelle est tacite. Si le mandat semble irrévocable, contrairement à sa nature, il n'admet pas qu'il en soit tout à fait ainsi, puisque le droit de quitter le syndicat est toujours laissé à chaque membre ; d'ailleurs le mandat n'est pas toujours nécessairement révocable : nous serions alors ici dans un cas d'irrévocabilité. Quant à l'impossibilité d'avoir un contrat valable dans l'espèce parce qu'il ne serait ni à titre onéreux, les deux parties n'étant pas engagées, ni à titre gratuit, l'intention de gratifier étant impossible à prévoir, il répond qu'il y a parfaitement un contrat à titre onéreux, mais unilatéral. Il n'accepte pas la théorie de la stipulation pour autrui parce qu'elle n'est valable en droit français que dans des cas strictement déterminés, et qu'on ne peut se trouver dans aucun

1. *Revue catholique des Institutions et du Droit*, 1897, 1ᵉʳ semestre, pp. 328 et s. et 424. et s.

de ses cas présentement. Quant à la théorie que nous examinerons dans la section II et qui ne veut voir dans le syndicat ni un mandataire, ni un stipulant pour autrui, mais admet qu'il contracte à un titre qui participe du mandat et de la stipulation, M. Wahl la déclare antijuridique.

M. Lambert (1), contrairement à l'auteur précédent, admet la validité de la stipulation pour autrui en principe, et il voit dans le syndicat un stipulant.

Il se borne, d'ailleurs, dans sa thèse, à repousser la théorie spéciale des contrats d'utilité publique de M. Sainctelette (2) qui, n'admettant pas la théorie de la validité de stipulation pour autrui, veut créer un droit spécial en faveur des contrats des communes, des Etats, pour leurs membres, droit que l'on pourrait étendre aux syndicats.

M. Dalloz (3), a émis dans son recueil une théorie spéciale. Tout d'abord il voit dans le syndicat contractant pour le travail un mandataire. Et il s'élève énergiquement contre une autre théorie que nous indiquons en passant : celle de MM. Pic (4) et Glotin (5), qui veulent admettre que le syndicat est partie à la convention.

---

1. *Stipulation pour autrui,* Thèse 1895, n°s 319 et s., pp. 546 et s.

2 *Revue de Droit international,* 1888, q. 425.

3. *Répertoire supplément,* v^0 Travail, n°s 890 et s.

4. *op. cit.,* p. 141.

5. *op. cit.,* pp. 241 et s.

Nous reproduisons, *en substance*, son argumentation fort intéressante en ce point. On ne peut voir dans la convention de travail entre syndicats ouvriers et patrons un louage de services, car le syndicat deviendrait alors créancier de salaires. Comment le syndicat envisagé comme personne distincte de ses ouvriers pourrait-il recevoir dans sa caisse les salaires de ceux-ci et pourrait-il être redevable de leur travail ? En droit, ceci ne peut se comprendre, car on porterait atteinte à des principes unanimement admis. Il y aurait une véritable entreprise industrielle de la part du syndicat, une espèce de sous-traité par lequel le syndicat se chargerait du travail à tant par tête et sous telles conditions ; en fait un patron ne peut se désintéresser ainsi du choix de ses ouvriers. Les travaux parlementaires démentent ce rôle du syndicat ; le discours de M. Floquet ne doit pas être pris au pied de la lettre ; et si les syndicats traitaient, comme on vient de l'indiquer, ce serait comme société coopérative.

Mais l'auteur, après avoir combattu si nettement la thèse du syndicat contractant lui-même, échaffaude un système compliqué pour permettre au syndicat d'exercer les actions qui naissent de ces contrats. Un contrat innommé par lequel le syndicat promettrait d'user de toute son influence

pour la reprise du travail serait fait par le syndicat lui-même avec le patron. Nous verrons l'utilité qu'il y voit, mais ne peut-on dire dès maintenant que le système est bizarre.

b. *Action.* — Passons maintenant aux actions
que ces contrats peuvent engendrer.

M. Voron admet que, dans la mesure de l'in-
térèt collectif, les actions résultant du contrat de
travail sont permises au syndicat. L'action en interprétation et l'action en exécution dans l'avenir
lui paraissent remplir ces conditions. Quant à
l'action en dommages-intérêts pour l'inexécution,
il déclare que le syndicat peut avoir subi quelque
dommage de ce fait. « Que le syndicat ait eu un
« certain intérêt d'affection pour ses ouailles, ou
« encore, si l'on veut, d'amour-propre à ne pas
« voir son traité méconnu, je veux bien l'admettre ;
« les tribunaux auraient pu, grâce à l'élasticité de
« l'article 1382, en tenir compte » et il approuve le
tribunal de commerce de la Seine d'avoir alloué
les dépens en réparation de ce préjudice. Mais les
dommages des syndiqués ne regardent pas le syndicat. L'auteur accepterait toutefois que l'association prête à ses membres son appui moral et pécuniaire et même intente le procès pour le compte
de ses ouvriers lésés, individuellement désignés,

à supposer, tout au moins, qu'il y eût un intérêt collectif.

M. Voron veut que l'on se méfie beaucoup de la tendance qu'on a de voir partout l'intérêt professionnel. Il y a bien des questions, comme les malfaçons, les retards de livraisons, etc.., qui n'intéressent, selon lui, que les particuliers ; l'action commune ne commencera qu'avec l'intérêt commun. Il y aura ainsi manquement à ses engagements de la part du patron envers la généralité ou un groupe important de ses ouvriers, et la corporation, se trouvant lésée, prendra en main la défense des intérêts professionnels. Mais encore, en principe, il faut que cette action soit exercée au nom des membres lésés, Cependant, la loi de 1884 étant nouvelle, il comprendrait à la rigueur l'action du syndicat, puisque celui-ci a stipulé : mais il préfère que le syndicat ne poursuive pas lui-même la réparation des préjudices particuliers ; on respecte ainsi les droits individuels. L'auteur voit toujours la possibilité d'agir pour les syndicats, en stipulant une clause pénale; ayant un intérêt, leur action ne peut être repoussée.

D'autres auteurs que nous avons étudiés pour l'action délictuelle nous paraissent ici tout aussi peu clairs : MM. Glotin (1), Alpy et Boulot (2),

1. *Op. cit.*, p. 240.
2. *Op. cit.*, p. 47.

André et Guibourg (1), etc. Ils admettent que la
jurisprudence décide suivant les espèces. D'après
M. Glottin, les actions en interprétation et en exécution dans l'avenir du contrat sont collectives, par
conséquent syndicales. Quant à l'action en dommages-intérêts pour inexécution, il est assez difficile de se prononcer sur son opinion ; il admet
que le jugement de Charolles et celui du tribunal
de commerce de la Seine de 1892 sont bien rendus.
Toutefois, en principe, il semble, pour lui comme
pour les autres, que toute action dans l'intérêt individuel est toujours prohibée. M. Lambert (2) et
M. Dalloz (3) sont plus intéressants. M. Lambert
est peu explicite cependant ; il s'oppose à l'exercice
de l'action en dommages-intérêts des syndiqués par
le syndicat, ne voulant pas admettre la théorie des
actions des contrats d'utilité publique de M. Sainctelette, qui voudrait que les villes contractantes
fassent prononcer les dommages-intérêts dus à
leurs citoyens, ceux-ci n'ayant plus qu'à les faire
liquider en leur faveur, ni même celle de M. Labbé,
moins hardie cependant, qui demande seulement
que la ville fasse poser le principe de la condam-

1. *Op. cit.*, p. 333.
Les autres auteurs sont les mêmes que p. 52 pour l'action
délictuelle.
2. *Op. cit.*, § 319 et s. et surtout § 324, p. 546 et s.
3. *Op. cit.*, nos 890 et s.

nation. M. Lambert ne veut pas reconnaître ce droit aux communes ; il pense de même pour les syndicats.

Quant à M. Dalloz, nous avons vu qu'il avait inventé le système du contrat innommé ; le syndicat pourra dès lors, grâce à lui, agir en interprétation comme en exécution de la convention de travail, mais non en dommages-intérêts pour les inexécutions du contrat envers ses membres, parce qu'il n'y a pas été partie.

MM. Bry, Pic, Jay, Hubert Valleroux (1) sont plus larges, comme ils l'étaient pour l'action délictuelle. Les actions en interprétation ou en exécution du contrat dans l'avenir sont syndicales : elles intéressent la collectivité (2). Quant à l'inexécution envers quelques syndiqués, elle donne naissance aussi à une action syndicale, car, tout en intéres-

1. Voir auteurs cités p. 53, sauf M. Hubert-Valleroux. A son égard, voir *Revue des Sociétés*, 1890, p. 519 ; 1893, pp. 172 et 197 ; 1896, p. 483 ; 1897, p. 303 ; *Réforme sociale*, 1898, p. 314.

2. M. H.-Valleroux admet, nous l'avons dit qu'il y ait contrat collectif quand le syndicat a traité pour tous les ouvriers d'une usine, même s'il comprenait d'autres membres : on peut dire qu'il y a bien là une catégorie aussi. Il admet bien entendu le syndicat à agir en exécution. Les auteurs cités ici, auraient sans doute été de cet avis, s'ils avaient eu à le donner. *Revue des Sociétés*, 1898, p. 151.

sant spécialement quelques-uns, elle intéresse aussi la collectivité.

Tous ces auteurs verraient le plus gros inconvénient à ne pas accorder au syndicat l'action en réparation : ils répètent toujours que c'est pour l'ouvrier faible, isolé, que l'intervention, l'aide du syndicat sont nécessaires ; M. Hubert Valleroux le dit dans maints articles (1). Il trouverait ridicule, d'ailleurs, de distinguer la sanction du contrat dans le passé et dans l'avenir : il y a toujours la même raison d'agir pour le syndicat. M. Jay (2), à propos de l'arrêt de Dijon rendu contre le syndicat de Chauffailles, décision qu'il blâme, déclare qu'il lui « paraît évident que l'in-
« tervention du syndicat dans la formation de ce
« contrat collectif ne sera vraiment intéressante
« et utile que si le syndicat a les moyens d'assurer
« l'exécution des conventions adoptées par les
« deux parties. Les mêmes raisons qui rendent
« indispensable la conclusion collective de ces
« conventions obligent à reconnaître au représen-
« tant de la collectivité le droit d'agir pour en
« obtenir le respect. L'ouvrier isolé n'est guère
« plus en état d'exercer utilement ce droit que de

1. Voir renvois page précédente.
2. *Revue d'économie politique*, 1894, p. 3o5 et s. : Organisation du Travail par les Syndidats professionnels.

« discuter efficacement les conditions du contrat.
« S'il n'était pas dans l'un et l'autre cas permis
« au syndicat de prendre sa place, l'œuvre du
« législateur apparaîtrait comme singulièrement
« inconséquente et vaine ».

M. Wahl admet les mêmes actions, puisque l'intérêt professionnel est en cause (1). Il constate que ce sont les ouvriers qui méritent le plus d'être protégés ou tout au moins qui en ont le plus besoin les patrons sont toujours capables d'agir seuls en effet, il n'en est pas toujours de même pour les ouvriers : « Si quelques-uns des membres du « syndicat, dit-il, sont lésés dans leurs intérêts « professionnels, si même un seul d'entre eux « éprouve cette lésion, la condition que met la loi « à l'action du syndicat se trouve remplie ; de « même que le syndicat peut contracter dans l'in- « térêt professionnel de quelques-uns de ses mem- « bres, de même et pour les mêmes raisons, il « peut agir en justice pour sauvegarder cet inté- « rêt ».

M. Hubert-Valleroux a parlé, nous l'avons vu, d'autres contrats collectifs ; il n'a tiré aucune conclusion pour les actions, évidemment elles

1. M. Wahl voit bien des dommages individuels, mais n'admet aucun dommage sérieux pour le syndicat, par suite de l'inexécution.

seront recevables comme celles des conventions de travail.

Quelle est ici encore la nature juridique de ces actions ? Nous avons vu pour les actions délictuelles que, malgré le silence des auteurs, il semblait que le syndicat avait été un mandataire, d'après M. Wahl au moins.

Ici les divergences d'opinions se sont manifestées, comme pour le contrat lui-même.

MM. Hubert-Valleroux, Voron et Wahl (1) voient toujours un mandataire *ad litem* dans l'association professionnelle. Le principe « nul ne plaide en France, etc. », est évidemment atteint. On lui fait exception, mais c'est une exception légale et conventionnelle en même temps : il y a, d'ailleurs, tant de dérogations à cette règle apportées par la loi, la jurisprudence et l'accord des parties.

M. Hubert-Valleroux, admettant que l'action en réparation du dommage professionnel soit exercée par le syndicat spécialement pour quelques-uns de ses membres, considère qu'il doit y avoir après le jugement un règlement de compte entre eux et l'association.

---

1. M. Wahl ne reconnaît pas, nous l'avons dit, que le syndicat soit un stipulant pour autrui, mais il reconnaît qu'avec cette théorie, si on l'admettait, le syndicat pourrait toujours agir en exécution du contrat.

M. Wahl, voyant dans le syndicat agissant en justice le mandataire individuel de chacun de ses membres lésés, explique que la somme allouée à titre de dommages-intérêts doit être payée directement au lésé.

M. Dalloz n'avait fait aucune objection à l'intervention du syndicat dans les actions délictuelles ; il avait enregistré purement et simplement les décisions ; elles portaient cependant atteinte à la règle « nul ne plaide » ! Ici cette maxime lui paraît inattaquable et, avec quelques autres auteurs, comme MM. Labori, Gain, il défendrait toute action au syndicat. Mais M. Dalloz a reconnu la nécessité d'une sanction et il échappe à la règle susdite pour les actions en interprétation et en exécution dans l'avenir par son système du contrat innommé.

M. Lambert voit dans le syndicat contractant dans l'intérêt de ses membres un stipulant pour autrui. Les actions qui résultent du contrat sont des actions qui naissent de la stipulation pour autrui. Il ne veut pas, nous le savons, que le syndicat agisse pour les intérêts individuels de ses membres, parce qu'il n'est pas titulaire de leurs droits et qu'il ne peut les exercer en justice sans leur assentiment.

APPENDICE

CONTRATS D'ACHATS DE MATIÈRES PREMIÈRES ET DE
PRODUITS AGRICOLES SPÉCIALEMENT

Nous avons dit comment M. Hubert-Valleroux envisageait le rôle du syndicat dans ces contrats faits en faveur de ses membres. Nous verrons plus loin ce qu'il pense de la façon dont les autres auteurs ont envisagé les conventions qui nous occupent.

La plupart des jurisconsultes admettent le syndicat à acheter, des engrais par exemple, soit en son nom, soit comme mandataire d'un seul comme de tous ses membres. (M. Voron voit là un acte d'intérêt général.)

Ils s'appuient sur la lettre que M. Pierre Legrand, ministre du commerce, a écrit, le 27 avril 1888, au président de la Chambre de commerce de Paris où il déclare penser que les syndicats pouvaient s'interposer dans les achats des membres et voir même dans cet acte la plus grande utilité des syndicats agricoles (1).

Le syndicat peut être d'abord mandataire ordinaire et sur la demande d'un de ses membres commander des engrais (2). L'action serait exercée par le syndiqué, en cas d'inexécution. M. Voron propose ici encore que le syndidat réunisse les membres lésés et intente l'action, ceux-ci étant individuellement désignés dans la procédure.

Le syndicat pourrait aussi acheter en son nom : il aurait donc la responsabilité pécuniaire. L'association répartirait ensuite les produits entre ses membres (3). Dans ces conditions, il serait un intermédiaire ayant contracté pour son compte (M. Voron l'appelle un commissionnaire); achetant pour lui le syndicat agirait de même ; ce serait une action de son patrimoine (4).

1. « On peut dire, écrit-il, que la loi de 1884, si elle ne « conférait pas le droit de faire des opérations semblables, ne « pourrait être pour les agriculteurs l'objet d'aucune appli- « cation vraiment pratique. »

2. Bry, *op. cit.*, pp. 269-270 ; Pic, *op. cit.*, p. 144 ; Dalloz, *op. cit.*, nos 880 s. ; Alpy et Boulot, *op. cit.*, p. 61 ; Glotin, *op. cit.*, p 243 et s. ; Labori, *Répertoire général du Droit français.* V° *Syndicats professionnels*, n° 69 Boullairé, *Syndicats professionnels agricoles*, p. 134.

3. Labori, *op, cit.*, n° 69 ; Voron, *op. cit.*, 1895, 1er sem., pp. 193 et 539 ; Dalloz, *Supplément*, v° *Travail*, n° 880 et s. ; Boullairé, *Syndicats professionnels agricoles*, pp. 157 et s.

4. On ne défend même pas au syndicat de prendre quelque

M. Hubert-Valleroux se refuse absolument à admettre tout ceci : le syndicat ne peut comme mandataire faire des achats individuels de ce genre; l'intérêt corporatif n'est pas en cause. Le président du syndicat, mais comme un tiers quelconque, peut seul être mandataire. Le syndicat ne peut pas davantage contracter en son nom, sans que les syndiqués soient engagés : le groupement professionnel, selon lui, n'a ni surface, ni responsabilité. Si le cas s'en présente, toutefois, il faut supposer qu'une société civile de fait s'est formée entre les membres qui ont profité des achats, et chacun est alors responsable (1).

M. Hubert-Valleroux admet, au contraire, le syndicat à contracter, au nom de ses membres, dans l'intérêt commun, nous nous en souvenons (2).

M. Gain (3) constate aussi la pratique qui s'est établie en matière d'achats de produits agricoles : elle lui paraît contraire à la loi, car il n'y a plus de défense des intérêts collectifs : aussi considère-t-il

commission pour l'indemniser de ses frais ; il lui est seulement défendu de faire des bénéfices, car il ferait dès lors un acte de commerce qui est prohibé.

1. *Revue des Sociétés*, 1886, p. 55 ; 1889, p. 403 ; 1892, p. 252.

2. *Revue des Sociétés*, 1897, pp. 183 et s. ; voir p. 58 (note 1).

3. *Syndicats professionnels agricoles*, pp. 212 et s.

qu'il n'y a qu'une simple tolérance, et si le syndicat a acheté, en son nom, des produits pour les répartir, c'est une société coopérative de fait qui s'est formée.

M. Méline, député, avait déposé, le 10 mai 1890, un projet qui devait permettre aux syndicats de devenir des sociétés de crédit populaire. Le syndicat, société civile, serait devenue société commerciale. Comme tel, il aurait fait pour les syndiqués les achats de matières premières, les ventes de produits de la profession. Mais ce projet ne fut pas adopté et la loi du 5 novembre 1894 se borna à autoriser la formation de sociétés de crédit agricole distinctes et ne s'occupant pas des achats.

En somme, le champ libre est toujours laissé aux sociétés coopératives de la loi de 1867. Tous les auteurs déclarent que le syndicat n'a qu'à s'adjoindre une société de ce genre, qui achètera en gros et répartira ensuite les produits entre ses membres ; de cette façon toutes les difficultés sont aplanies.

Section II. — Opinion de M. Deslandres (1)

L'étude de la théorie de M. Deslandres est faite à part, parce qu'elle donne en pratique des résultats spéciaux.

1. Pandectes françaises, 1894, 1, 1.

D'après cet auteur, le syndicat est « le gérant attitré » des intérêts de ses membres. Il ne voit cependant dans l'action en justice qui serait intentée dans l'intérêt des syndiqués, qu'elle soit collective ou individuelle, qu'un acte défendu par la règle « nul ne plaide en France par procureur » et ici aucune dérogation n'est possible, car on ne peut rentrer dans les exceptions spécifiées par la loi ou admises par la jurisprudence. Il considère, de plus, comme extrêmement grave de venir exercer l'action et épuiser le droit du demandeur en justice, et de porter atteinte, d'autre part, au droit du défendeur qui peut avoir intérêt, pour quelque raison que ce soit, à ne pas changer d'adversaire.

Telle est sa doctrine générale.

Mais à côté, il admet une exception ; les contrats de travail, faits dans l'intérêt général, sont absolument nécessaires aux syndicats, prétend-il. Une sanction leur est indispensable, dès lors, et c'est dans ce but que certaines actions dans l'intérêt des membres doivent être admises.

Il considère les contrats de travail comme valablement faits par le syndicat, par application des articles 3 et 6 de la loi de 1884, qui se complètent l'un l'autre.

Aucune maxime analogue à « nul ne plaide, etc. » ne vient à l'encontre. La défense des intérêts professionnels, qui est l'objet des syndicats ne saurait rencontrer un meilleur moyen. Les travaux préparatoires confirment l'auteur dans cette idée.

Créer un droit, d'ailleurs, ne porte préjudice à personne; il n'en est pas de même du fait d'agir en justice pour autrui.

La nature de ce contrat paraît très subtile à M. Deslandres. Il ne veut voir là ni un mandat ni une gestion d'affaires; nous avons vu avec M. Wahl, toutes les objections qu'on pouvait faire à cette théorie, et elles lui semblent irréfutables. Ce ne serait pas davantage une stipulation pour autrui ; fidèle à la doctrine française, il cherche un intérêt pécuniaire pour le stipulant et ne le trouve pas, sauf le cas où une clause pénale est stipulée.

Mais, si ni l'un ni l'autre de ces contrats ne le satisfait, un mélange des deux serait davantage de son goût ; il voit ici un contrat qui participe et du mandat et de la stipulation pour autrui.

M. Deslandres pense que le syndicat acquiert par ce contrat des droits dont il n'est pas le titulaire et cette acquisition lui semble naturelle, car il possède des biens qui sont, selon lui, à ses membres. Il n'y a toujours que fiction dans ces matières et ici il donne fictivement des droits à son patrimoine ; ce sont, en réalité, ses membres qui en sont les titulaires véritables.

Il voit une grande ressemblance entre ces contrats et ceux d'utilité publique pour les Etats et les communes, et il s'appuie sur la doctrine de M. Labbé et de M. Sainctelette dont nous avons dit quelques mots.

L'auteur reconnaît aux syndicats le droit d'agir à propos de ces contrats. Les intérêts graves qui lui paraissaient inattaquables précédemment ne lui semblent plus tels. Le promettant était libre de ne pas s'engager, et le stipulant peut enlever au bénéficiaire son droit, puisque ce dernier lui est redevable de sa naissance. Quant à la règle « Nul ne plaide, etc.. » elle n'a pas son application ici : si le vrai titulaire du droit ne peut se cacher devant la justice, le contrat a révélé le rôle du stipulant et du tiers bénéficiaire.

Cette action du syndicat est possible pour faire reconnaître l'obligation contractée en faveur de ses membres et en obtenir l'exécution dans l'avenir, avec une astreinte pénale pour y contraindre, s'il la demande.

Mais le syndicat ne peut venir demander des dommages-intérêts pour inexécution : ceux-ci, tout en ayant leur point de départ dans la stipulation, naissent d'un fait postérieur au contrat; aussi il ne peut y avoir qu'une action de la partie lésée.

M. Deslandres n'admet donc le syndicat à agir en justice que pour sanctionner les droits qu'il a fait naître en contractant.

Section III. — Interprétation restrictive.

La doctrine n'est pas dans son ensemble aussi large que les auteurs que nous avons étudiés précédemment. Deux d'entre eux, M. Planiol (1) et M. Waldeck-Rousseau (2), ministre en 1884, celui qui avait tant contribué au vote de la loi au Sénat, ont émis une opinion tout à fait opposée.

Sans donner, en effet, de définition de l'intérêt commun, dont le syndicat est le gardien et le défenseur, ils ne peuvent, ni l'un ni l'autre, admettre qu'il ne soit pas de nature économique (ce mot étant pris dans un sens restreint), « un intérêt « dont personne ne pourrait prendre charge avec « une aptitude suffisante et des moyens d'action appropriés. » C'est ce que M. Planiol nous dit expressément. M. Waldeck-Rousseau ajoute que « le syndicat envisagé comme personne morale « n'est point la somme et pour ainsi dire la résul- « tante des intérêts privés de chacun de ses mem- « bres. Il en demeure parfaitement distinct et les « intérêts qu'il personnifie sont précisément ceux « qui n'étant dans le patrimoine d'aucun des

1. Dalloz, 1895, 2, 553 ; 1898, 2, 129.
2. *Recueil de procédure civile,* de Rousseau et Laisney, 1887, p. 49.

« sociétaires ne peuvent être exercés par aucun
« d'eux. »

La somme des intérêts de chacun ne constituera
donc pas l'intérêt défendu par l'association professionnelle.

L'article 3 de la loi de 1884 a eu pour but de
faire connaître l'objet des syndicats et l'article 6
leur capacité. Si différents de nature, ces deux
textes ne doivent pas être confondus, et ceux qui
voudraient les unir risqueraient fort, suivant ces
auteurs, de se tromper.

Ils n'admettent donc, ni l'un ni l'autre, l'action
ou le contrat fait par le syndicat dans l'intérêt
des syndiqués.

Voici d'ailleurs l'explication que donne M. Planiol dans une de ses notes.

« Dans son article 6, la loi développe les consé-
« quences juridiques qui résultent de la personna-
« lité civile accordée aux syndicats. La disposition
« par laquelle elle leur permet d'ester en jus-
« tice est imitée de lois antérieures, et elle n'a pas
« d'autre valeur que ces dispositions déjà an-
« ciennes. Ainsi la loi du 21 juin 1865 sur les
« associations syndicales dit qu'elles peuvent

---

1. Nous reproduisons celle de la note du Dalloz, 1895, 2ᵉ p.,
p. 553, bien que la seconde soit aussi complète.

« ester en justice, par leurs syndicats, acquérir,
« vendre, échanger, transiger, etc. (art. 3). L'ar-
« ticle 53 de la loi du 24 juillet 1867 sur les sociétés
« commerciales est un peu plus explicite. Il y est
« dit que la société, quelle que soit sa forme, sera
« valablement représentée en justice par ses admi-
« nistrateurs. C'est donc une clause de style dans
« la rédaction des lois où il est parlé de personnes
« civiles et c'est un des caractères auxquels on
« reconnaît la personnalité fictive d'une associa-
« tion (Voir par exemple, dans le *Précis de droit*
« *commercial* de MM. Lyon-Caen et Renault, la
« discussion sur la personnalité des sociétés
« civiles, tome 1, n⁰ˢ 285 et 290). Rien n'indique
« que, dans les discussions préparatoires de la loi
« de 1884, on ait eu l'intention de donner subite-
« ment à cette disposition traditionnelle une por-
« tée nouvelle dont nul n'aurait pu prévoir les
« conséquences et qui aurait tout au moins sus-
« cité un débat sur son opportunité et sur ses
« limites raisonnables.

« Il y a donc eu une méprise sur le sens de la
« loi. Quand on les a autorisés à se fonder pour
« l'étude et la défense des intérêts économiques de
« certaines professions (article 3) la loi a entendu
« les charger de certaines missions, pour lesquelles
« les particuliers sont mal préparés, par exemple

« pour solliciter des pouvoirs publics des mesures
« nouvelles, des lois douanières, des facilités de
« transports, des réglementations spéciales, etc.
« Mais on n'avait nul besoin de créer l'institution
« syndicale pour lui faire prendre en main des
« actions individuelles, déjà ouvertes aux particu-
« liers, et que ceux-ci suffisent parfaitement à
« défendre eux-mêmes par les voies ordinaires.
« Le syndicat est un instrument d'action collec-
« tive sur le terrain économique ; il ne peut pas,
« et ne doit, pas devenir une arme de procédure,
« qui, le plus souvent, romprait l'égalité entre les
« plaideurs. »

« On a confondu dans la pratique les intérêts
« généraux de la profession avec les droits indi-
« viduels appropriés et incorporés dans les patri-
« moines des particuliers, etc. »

M. Waldeck-Rousseau émet les mêmes idées
dans sa note.

Les syndicats n'ont donc jamais à défendre un
intérêt qui puisse être dans le patrimoine d'un
membre. Les moyens qu'ils ont à leur disposition
pour défendre les intérêts généraux sont spéciaux et une association, seule, peut les employer.
Le syndicat a bien la personnalité civile et, par là-
même le droit d'ester en justice, mais ce n'est
que pour défendre son patrimoine, dont la consti-

tution ne lui a été permise que pour affermir sa situation, lui donner une stabilité plus grande.

Quant aux actions intentées dans l'intérêt des membres, qu'ils soient un ou cent mille, le syndicat n'a pas à s'en occuper.

M. Planiol résume ainsi clairement ses explications : « Le droit de plaider est la suite et la « garantie du droit de posséder et rien de plus » (1).

Ces auteurs pensent que suivre la théorie contraire, ce serait revenir aux corporations.

M. Planiol refuse d'admettre que l'on puisse invoquer la loi de 1892 sur l'exercice de la médecine, car elle n'a fait, selon lui, que consacrer une jurisprudence détestable d'ailleurs, qui existait pour les pharmaciens : Le législateur n'a pas voulu traiter les médecins d'une autre façon ; mais on ne doit pas y voir d'indication pour l'interprétation de la loi de 1884.

Toute action en justice dans l'intérêt des membres est donc repoussée. M. Waldeck-Rousseau a donné son opinion à propos d'une action en concurrence déloyale, il généralise ses conclusions, d'ailleurs, en disant que le syndicat ne peut être une « agence » de procédure pour ses membres, M. Planiol a examiné la question plus à fond :

1. Dalloz, 1898, 2, 129.

Envisageant tous les cas qui se sont présentés, il reste ferme dans son refus absolu.

Il blâme la jurisprudence de s'être laissée entraîner à reconnaître aux syndicats le droit de défendre en justice l'intérêt collectif.

Il regrette que les syndicats de pharmaciens, de médecins, de poissonniers, etc., aient vu leurs demandes admises. Une action conjointe n'eut-elle pas suffi, si plusieurs intérêts étaient lésés ; c'est le moyen employé habituellement, en cas de diffamation, par les prêtres et les instituteurs.

Il constate d'ailleurs que cette théorie n'est pas toujours respectée. Les actions qui naissent à la suite d'un contrat de travail devraient être syndicales dans ce système, puisque le contrat est reconnu valable (1), et cependant l'action en dommages-intérêts pour inexécution n'a pas été admise.

La théorie adverse demanderait pour être toujours logique que tous les syndiqués soient en cause pour permettre l'action syndicale : et l'auteur fait remarquer que l'arrêt d'Amiens le dit expressément.

---

1. L'auteur ne donne pas son avis sur la validité du contrat fait par le syndicat, mais il est évident qu'il n'admet pas plus le syndicat contractant qu'agissant dans l'intérêt de ses membres.

En fait M. Planiol prétend qu'on ne l'applique pour ainsi dire jamais : la plupart des actions sont admises, alors que quelques membres sont seuls lésés : il en est ainsi, d'après lui, pour les syndicats de médecins, de pharmaciens.

L'auteur constate dès lors que « la jurispru-
« dence, couverte en cela par la loi de 1872, qui
« a adopté son système, se trouve donc amenée à
« cette conclusion de considérer comme syndicale
« toute action même individuelle, qui a pour base
« les textes légaux réglementant l'exercice d'une
« profession. On se rapproche ainsi de l'ancienne
« juridiction des corporations ; si le syndicat n'est
« pas encore juge, il est du moins le gardien des
« règles du métier (1) ».

Telles sont les opinions différentes que les juris-consultes ont soutenues. Nous allons essayer maintenant de donner notre avis.

---

1. L'auteur voit un autre danger dans le fait de donner aux associations le pouvoir de se substituer à leurs membres dans la défense de leurs intérêts. D'autres associations, les Villes par exemple, voudraient en faire autant (elles l'ont déjà fait. Voir arrêt Mons, Sirey, 1889, 4, 9. Il faut donc, suivant lui, ne pas laisser s'étendre cette source d'abus.

CHAPITRE V

INTERPRÉTATION ADOPTÉE

La diversité des opinions émises sur l'action
syndicale dans l'intérêt des membres nous rend
très perplexe. Les auteurs qui ont eu une doctrine
claire sont rares : Refuser ou admettre une action,
en déclarant purement et simplement qu'il n'y a
pas ou qu'il y a, au contraire, intérêt collectif, est
facile, mais il faudrait essayer de préciser et ceux
qui l'ont fait sont peu nombreux.

MM. Planiol et Waldeck-Rousseau ont une
théorie nette et logique. Mais n'est-ce pas restreindre outre mesure le but des syndicats de ne
leur permettre d'intervenir que lorsque personne
ne peut le faire avec des moyens qui soient appropriés, pour des droits qui sont à tous et cependant
à personne en particulier. Ce n'est pas, ainsi dimi-
nué, que l'on conçoit le rôle des syndicats dans
nos idées actuelles.

L'article 3 nous indique que l'objet des syndicats est de défendre les intérêts économiques

communs à tous leurs membres (nous savons que cette adjonction finale est permise d'après les travaux préparatoires).

Pourquoi les intérêts professionnels, qui sont dans le patrimoine des syndiqués, ne pourraient-ils être visés par ce texte ? Nous prenons le mot « économiques » dans une acception très large.

Les moyens ordinaires de défense seraient alors à la portée des associations. Cela n'empêche pas le syndicat de défendre les intérêts strictement économiques, dont parle M. Planiol, par les moyens plus appropriés : les pétitions, les conférences, etc.; mais nous n'avons pas à nous en occuper ici.

L'intérêt commun, c'est la réunion des intérêts professionnels de tous les syndiqués ou du moins de toute une catégorie d'entre eux; il importe peu que certains des membres soient plus spécialement intéressés, du moment que tous le sont. M. Wahl prétend que la loi de 1884 donne au syndicat la défense de l'intérêt professionnel : nous pensons que c'est celle de l'intérêt collectif; d'ailleurs nous le voyons en cause partout où M. Wahl ne voit que quelques intérêts professionnels (nous arrivons donc en fait au même résultat).

L'interprétation restrictive reprochait à la théorie qui donnait aux syndicats un objet aussi large, de leur accorder une puissance trop grande. Nous sentons très bien le danger qu'il peut y avoir que les syndicats ne gouvernent en maîtres absolus leurs membres, quelques meneurs se mettant à leur tête et dirigeant tous les autres. Mais nous savons qu'il y a d'autres moyens de parer à ce danger réel, tout en n'empêchant pas les syndicats de remplir leur rôle de défenseurs de la collectivité.

Ces moyens ordinaires de défense et de protection, la loi peut-elle les accorder aux syndicats?

L'article 6 donne les droits d'ester en justice, de contracter. L'argument de M. Planiol, pour restreindre au seul patrimoine du syndicat la possibilité d'agir et de contracter, ne nous semble pas décisif. Si en effet la loi de 1884 n'a rien dit de précis, c'est à nous de l'interpréter dans le sens qui nous paraît le plus en rapport avec le but d'aide, de secours pour ses membres que nous lui connaissons.

Les syndicats sont un organisme nouveau dans notre monde moderne : il ne faut donc pas nous servir, pour l'expliquer, d'autres lois qui, d'ailleurs, ont un but très différent. Laissons aux syndicats la possibilité d'exercer leur influence dans notre vie sociale ; ne diminuons pas le rôle qu'ils ont à jouer, les services qu'ils peuvent rendre : soyons par conséquent confiants dans l'avenir.

Nous n'hésitons donc pas, en rapprochant les articles 3 et 6 de la loi de 1884, à permettre aux syndicats de défendre, et par le contrat et par l'action judiciaire, les intérêts collectifs de leurs membres.

Nous avons laissé entendre qu'il y avait avantage à comprendre ainsi le rôle des associations.

Seule, en effet, cette interprétation permet aux syndicats d'avoir une action véritable. Prenons les associations professionnelles ouvrières, et voyons l'importance qu'il y a à les laisser agir et contracter pour leurs membres : chaque ouvrier est faible, peu instruit, capable de se laisser entraîner par la misère à accepter les conditions de travail les plus désastreuses. Quelle que soit l'influence du syndicat, s'il ne représente pas les syndiqués il ne pourra défendre leurs droits efficacement. Si on l'y autorise, tout change ; l'ouvrier traite d'égal à égal avec le patron, parce que son représentant est puissant et qu'on le respecte. L'équilibre se rétablit entre ces deux puissances : le capital et le travail, et la société en bénéficie.

Cette interprétation, en outre, a l'avantage d'éviter des frais. On n'oblige pas ainsi à contracter cent fois, à agir en justice mille fois, quand une action unique peut faire obtenir le même résultat. On propose une action conjointe ; mais celle-ci ne supprime pas toutes les complications de procédure que l'on évite avec l'action collective.

Nous mettons enfin vraiment la loi d'accord avec elle-même, car comment pourrait-on admettre le syndicat à venir diriger une grève, à y intervenir en faisant accepter ses volontés au patron, et non à contracter et agir en justice pour tous ses membres, à se servir de moyens pacifiques. Ce serait absurde ; et la loi n'a pu l'être à ce point.

Nous avons donc raison de penser que les syndicats doivent ainsi défendre les intérêts de leurs membres.

Reprenons la distinction que nous avons faite des actions délictuelles et contractuelles.

§ 1. — *Action délictuelle*

La loi de 1892 sur l'exercice de la médecine, vient elle-même apporter la consécration légale à notre interprétation. Elle a créé, dans son article 13, les syndicats de médecins, comme nous l'avons vu dans l'étude de la loi ; et nous savons que M. Loubet a précisé que leur principal objet était l'exercice de l'action collective.

M. Planiol ne veut y voir que la consécration d'une mauvaise jurisprudence ; on peut cependant penser que le législateur n'aurait pas sanctionné, pour un syndicat nouveau, une interprétation fausse de la loi ; il aurait pensé d'abord à la réformer.

Les actions qui peuvent se présenter dans l'intérêt collectif, ce sont les actions pour l'exercice illégal de la pharmacie ou de la médecine, en concurrence déloyale, en usurpation de marque de fabrique, etc. L'intérêt commun est évident ; le monopole de leur profession doit être sauvegardé aux premiers et l'honnêteté du commerce préservée et maintenue pour les autres. Le syndicat est tout désigné pour intenter ces actions.

Et remarquons bien que, si l'intérêt d'un ou de plusieurs des syndiqués est particulièrement lésé, s'il a éprouvé un dommage spécial, c'est toujours au syndicat d'agir du moment que l'intérêt collectif est en jeu. Rappelons-nous l'exemple de ces syndicats de brasseurs, qui, en 1896, avaient actionné un sieur Louyot pour usurpation de marque de fabrique. Certains des membres (39 dans l'espèce) avaient subi évidemment un préjudice très fort. Mais la collectivité entière est lésée : le syndicat agira donc.

La jurisprudence n'a pas toujours bien compris

ceci, et a même été parfois tout à fait en sens contraire.

En suivant le principe que le syndicat défend toujours l'intérêt collectif, des arrêts divergents ne seraient plus rendus.

Les auteurs n'ont pas été clairs, en général : nous l'avons montré. M. Wahl prétend, nous nous en souvenons, que le syndicat doit intervenir lorsque l'intérêt professionnel d'un ou de quelques membres lui paraît seul en cause. Bien que nous arrivions au même résultat, nous pensons et répétons que ce n'est pas ainsi que la question se présente. A côté de la lésion spéciale, il y a un dommage beaucoup plus important, en réalité, qui atteint tous les syndiqués. C'est pour obtenir la réparation du préjudice subi par tous que le syndicat agira : nous verrons qu'il en est de même pour l'action contractuelle en dommages-intérêts.

D'autres actions peuvent encore être syndicales ; la demande d'annulation d'un arrêté administratif qui lèse tous les syndiqués, la tierce-opposition faite à un jugement qui porte atteinte à l'intérêt de tous ; la demande de mesures de protection en faveur de tous dans l'avenir, à la suite d'un dommage causé ou sur le point de l'être.

Voilà les cas que la pratique nous a offerts.

Le rôle du syndicat dans toutes ces actions est celui d'un mandataire légal. Nous ne voyons pas quel autre rôle le syndicat pourrait jouer ici, à quel titre il pourrait intervenir dans les affaires de ses membres. Nous sommes en règle avec le principe « pas d'intérêt, pas d'action ». Le syndicat, plaidant au nom de ses membres, a le droit d'agir, puisqu'ils ont un intérêt.

Mais nous contrevenons à la maxime « nul ne plaide etc. ». Le syndicat agit, en effet, sans faire connaître le nom de ses mandants. Nous avons vu, cependant, que presque tous les auteurs n'y voient pas un obstacle à l'action du syndicat lorsque l'intérêt collectif est en cause.

Certains vont même, comme M. Naquet (1), jusqu'à nier son existence dans notre droit actuel : aucune loi n'en parle expressément et la codification napoléonienne a dû le supprimer, comme contraire à son texte et à son esprit. En général, la doctrine n'est pas de cet avis : M. Garsonnet nous expose, dans son savant *Traité de procédure civile*, les raisons qui militent en faveur de son existence : trois lois, celle du 8 novembre 1814, sur la dotation de la couronne, du 21 mai 1865,

1. De la maxime que nul ne plaide en France par procureur: *Revue critique*, 1875, p. 638.

2. *Traité de procédure civile*, 2ᵉ édition, t. I, pp. 505 et s.

sur les associations syndicales, et celle du 24 juillet 1867, sur les sociétés, la supposent implicitement admise, puisqu'elles lui apportent des dérogations.

M. Garsonnet reconnaît, d'ailleurs, combien cette
règle est surannée ; on la comprenait en droit
romain, lorsque la représentation était chose
défendue ; mais le droit romain lui-même admit
les *procuratores ad litem* à une certaine époque.
Le droit français fut illogique au dernier point :
N'admettant pas primitivement la représentation,
il établit cependant les procureurs au xvi⁰ siècle,
tout en maintenant la règle que l'on avait formu-
lée si catégoriquement « nul ne plaide en France
par procureur ».

De notre temps, cet adage est complètement
suranné. Le respect de la tradition nous retient
seul, car on ne peut le maintenir dans un but
purement fiscal. On a prétendu que si on l'abolis-
sait, il y aurait une multiplication des litiges ;
cela nous semble improbable puisqu'on a toujours
la possibilité de plaider par mandataire, en faisant
figurer le nom du mandant dans les actes; ce système n'arrête nullement les procès, il les em-
brouille. Quant à invoquer l'intérêt du défendeur,
ce n'est vraiment pas sérieux, car on peut toujours plaider contre lui sous un prête-nom, ce

qui ne laisse pas d'être plus grave et plus dange-
reux. Aussi M. Garsonnet constate que de nombreuses exceptions ont été faites à la maxime ; la
jurisprudence ne tend pas à les restreindre, tant
s'en faut. Comme ce principe est purement d'intérêt privé, chacun peut y renoncer.

Et M. Garsonnet considère, en somme, que la
loi de 1884 a apporté une exception en faveur des
syndicats professionnels, agissant pour leur
patrimoine et les intérêts collectifs de leurs membres.

Le principe « nul ne plaide en France par procureur » ne nous arrête donc pas.

Le syndicat, agissant en justice, fait les frais
du procès avec les fonds de la caisse syndicale.
Des dommages-intérêts peuvent être demandés :
l'évaluation en pourra être difficile dans certains cas ; mais cela importe peu. S'il en est
obtenu, le syndicat peut devoir en transmettre une
partie aux membres particulièrement lésés : c'est
affaire à régler entre eux. Souvent les dommages-
intérêts seront minimes (le tribunal de Montbéliard a donné ainsi 1 fr.) : ils sont évidemment
alors impartageables.

§ 2.

Voyons maintenant les *actions contractuelles*.

a. *Contrat.* — Les syndicats professionnels ont le droit de contracter lorsque les intérêts professionnels de tous, ou du moins de toute une catégorie d'entre eux sont engagés (1). Les syndicats ne peuvent, par contre, faire une convention professionnelle pour un seul ou quelques-uns, puisqu'ils ne représentent que la collectivité.

Les contrats de travail peuvent être collectifs ; les travaux préparatoires nous ont montré l'importance de ces questions pour les associations. C'est ici qu'il y aurait particulièrement bizarrerie à ne pas admettre l'intervention syndicale, puisque le syndicat peut toujours agir par des moyens violents.

Les syndicats peuvent faire encore tous autres contrats collectifs : un contrat avec une administration publique pour la fixation d'une taxe d'assurance, par exemple ; de même un contrat d'achat d'engrais. Le syndicat au nom de la collectivité détermine prix et qualité — tout membre en profite. Mais nous n'admettons, avec MM. Hubert-Valleroux et Gain, aucune autre intervention du syn-

---

1. Nous repoussons pour le contrat et pour l'action qui en résulte la théorie du tribunal de Nantes de 1897, il y avait là contrat collectif, car toute une catégorie des syndiqués était en cause.

dicat dans ces matières : il n'a pas pour acheter les engrais ou autres produits à devenir le mandataire individuel de chaque membre (1), ou une espèce de commissionnaire ; une société coopérative peut, par contre, s'adjoindre au syndicat, et celle-ci pourra, bien entendu, acheter en gros et répartir les produits entre ses membres.

Nous considérons le contrat collectif comme fait en vertu d'un mandat légal tacite. Les explications diverses apportées par les auteurs, par la jurisprudence nous semblent inutiles et fausses. La théorie de la stipulation pour autrui, en premier lieu, n'a rien à faire ici : le syndicat ne peut arguer d'un intérêt propre, et les syndiqués ne peuvent être des tiers pour lui ; en tous cas, il n'aurait aucun intérêt pécuniaire.

M. Wahl nous a dit ce qu'il fallait penser de la construction bizarre de M. Deslandres, qui ne voit ici ni un mandat, ni une stipulation pour autrui, mais un acte tenant de l'un et de l'autre : c'est anti-juridique. Le système qui voudrait créer pour les villes en leur assimilant les associations syndicales, des contrats spéciaux, dits d'utilité publique

1. Ce serait trop facile de permettre tout aux syndicats, par le moyen du mandat ordinaire du droit civil. Même comme mandataire, il ne peut intervenir que si l'acte rentre dans ceux que la loi permet d'accomplir.

n'est qu'un succédané de celui de la stipulation pour autrui.

Nous ne pouvons voir davantage le syndicat contracter en son nom pour lui-même : M. Dalloz a réfuté cette théorie, à juste titre.

Le syndicat est donc un mandataire; nous repoussons avec M. Wahl toutes les objections qu'on a faites à l'encontre. C'est un mandataire légal, qui fait un acte à titre onéreux, mais unilatéral, pour ses mandants.

Ceux-ci peuvent toujours mettre fin au mandat en quittant le syndicat.

b. *Action.* — Quant aux actions qui naissent de ces contrats, nous les autorisons lorsqu'elles sont exercées dans l'intérêt collectif.

Telle est l'action en interprétation du contrat.

Il en est de même de l'action en exécution dans l'avenir. L'association professionnelle peut demander une astreinte pénale pour obliger à l'exécution. Quant à l'action en dommages-intérêts pour inexécution, le syndicat agit dans l'intérêt collectif. Si certains membres sont particulièrement lésés, le syndicat peut néanmoins agir du moment que l'intérêt de tous est en cause.

M. Voron, qui ne voit que des actions en dommages-intérêts individuelles, admettrait que le

syndicat, représentant les membres nominative-
ment désignés dans la procédure agît en justice
s'il y a un intérêt collectif ; cela nous semble inad-
missible.

Le syndicat est ici encore un mandataire, ce
rôle ne nous épouvante pas comme M. Dalloz et
les magistrats qui ont rendu certains arrêts, par
exemple. Le syndicat a le mandat de défendre
l'intérêt collectif aussi bien par l'action en justice
que par le contrat.

Nous ne comprenons pas la nécessité du contrat
innommé de M. Dalloz, qui apporte seulement à
nos yeux, une complication. Les théories de
M. Deslandres (1), de la stipulation pour autrui
ordinaire, des contrats d'utilité publique, du syn-
cat contractant lui-même (2), nous avons vu qu'elles
ne nous agréaient pas à propos du contrat ; il ne
peut en être autrement pour les actions.

Le syndicat étant toujours mandataire, la règle
« nul ne plaide, etc. » ne met pas obstacle à son
action collective ; nous ne revenons pas sur cette

1. Nous repoussons de très loin la doctrine de M. Deslandres, qui, sans s'inquiéter du but que la loi de 1884 a donné
aux syndicats, retire aux associations, en principe, le droit
d'agir pour respecter un principe suranné que chacun démolit
un peu chaque jour.

2. La Jurisprudence nous a paru avoir un tel respect pour
la maxime en question qu'elle n'admet l'action syndicale con-

question exposée longuement pour les actions délictuelles.

Le syndicat agit à ses frais. Quant à l'indemnité donnée en cas de dommage, à la collectivité il pourra y avoir lieu, comme il a été dit pour ces autres actions,de donner une allocation à certains syndiqués.

tractuelle, ce semble bien, que si le syndicat a été partie au contrat ; nous nous élevons contre cette idée, puisque nous ne pouvons croire que le syndicat ait été partie, et que la règle nous embarrasse fort peu dans les actions collectives.

CONCLUSION

Le syndicat, défenseur des intérêts communs,
agit donc en justice et contracte pour ses membres.
Nous ne pensons pas que son intervention dans
l'intérêt collectif puisse porter atteinte à l'indivi-
. dualité humaine dans une mesure nuisible. Nous
savons trop combien la personnalité est respecta-
ble : l'homme libre, seul, peut dans bien des cas,
se développer et produire. Mais l'association est
nécessaire, nous l'avons dit dans notre Introduc-
tion ; elle seule permet d'atteindre certaines
fins : il faut donc l'accepter en garantissant la
liberté de chacun contre toute oppression. Nous
avons vu que le législateur a soigneusement évité
de laisser les individus tomber sous le despotisme
des syndicats en leur donnant, par l'article 7, le
droit d'en sortir à leur gré. Il faut ajouter que
toute violence est réprimée par la loi pénale (articles 414, 415 du Code pénal) et que tout dommage
peut être réparé (article 1.382 du Code civil).

Nous sommes très loin des corporations. Le syndicat, défenseur de l'intérêt collectif, est dans son

rôle lorsqu'il intervient pour tous ses membres ou pour toute une catégorie d'entre eux.

Nous comprendrions même que l'on donnât aux syndicats la poursuite correctionnelle des fraudes, aux lieu et place, ou plutôt en même temps qu'au ministère public. Cette innovation serait excellente, car chaque syndicat est infiniment mieux renseigné que ne le peut être, avec la meilleure police du monde, l'honorable magistrat qui défend les intérêts de la société (1).

La nouvelle loi Belge des Unions professionnelles (2) (les syndicats sont ainsi dénommés dans ce pays) admet l'action syndicale comme nous l'avons proposé dans notre interprétation. Voici son article 10 que nous citons dans son entier, « L'Union « peut ester en justice pour la défense des droits « individuels que ces membres tiennent de leur « qualité d'associés sans préjudice du droit qu'ont « ces membres d'agir directement, de se joindre « à l'action, ou d'intervenir dans l'instance.

« Il en est ainsi notamment des actions en exé-

---

1. Voir *Nourrisson* : La participation des particuliers à la poursuite des crimes et des délits ; et les Discussions de la Société générale des Prisons, des 18 mars et 22 avril 1896. (*Revue pénitentiaire*, mars et avril 1896).

2. Loi du 31 mars 1898, Voir le texte dans la *Revue des Sociétés*, 1898, p. 278.

« cution des contrats conclus par ses membres et
« des actions en réparation du dommage causé
« par l'inexécution de ces contrats.

En France, pour mettre fin aux interprétations
contradictoires, et faire produire à la loi de 1884
toutes ses conséquences, le président du Conseil
M. Waldeck-Rousseau vient de présenter un projet de loi, au nom du gouvernement. Il propose
d'abord diverses réformes importantes, relatives
à la personnalité civile des syndicats, qu'il étend,
à celle des unions de syndicats qu'il crée (les
unions pourront donc à l'avenir agir comme les
syndicats dans l'intérêt de leurs membres), et
enfin il en arrive à la protection des droits des
syndiqués.

Dans l'article 10 de son projet, il déclare que
l'entrave « volontairement apportée à l'exercice
« des droits reconnus par la présente loi, par voie
« de refus d'embauchage ou de renvoi... cons-
« titue un délit civil et donne lieu à l'action en
« réparation du préjudice causé. Cette action
« peut être exercée soit par la partie lésée,... soit
« par le syndicat ».

Et dans l'exposé des motifs « il explique et pré-
« cise, que le projet accorde l'exercice de l'action
« en réparation soit à la personne lésée, soit au
« syndicat dont elle fait partie. Il ne va pas à l'en-

« contre du principe aujourd'hui consacré, qui
« ne permet pas au syndicat d'intervenir dans les
« conflits particuliers, qui intéressent un de leurs
« membres, car dans le cas prévu, le syndicat
« lui-même est lésé, si, pour n'être point congé-
« diés, ou pour être engagés ses membres doivent
« renoncer à en faire partie ».

Nous admettons cette façon de protéger le droit
de la collectivité même quand l'un des membres
subit spécialement le préjudice. Il est même extrêmement utile que le syndicat intente cette
action, car, à l'avenir, le patron se verra dans
l'impossibilité de formuler une telle condition,
et le sort des ouvriers sera beaucoup plus stable.

Remarquons seulement que M. Waldeck-Rousseau a quelque peu modifié son opinion en cette
matière. Ayant fait voter la loi en 1884, il était
assez autorisé pour la commenter en 1887, dans sa
note de l'affaire Rosset : il avait déclaré qu'aucune
action n'était possible, que le syndicat ne devait
agir que pour défendre son patrimoine, nous nous
en souvenons.

Le rôle du syndicat, tel que nous le comprenons
est grand et beau. Avec tous les moyens dont il
dispose, il doit avoir une influence considérable.

Il rapproche les ouvriers et les patrons, facilite

et augmente cette union féconde et si nécessaire du capital et du travail ; il donne aux faibles le secours de sa puissance, et s'il ne parvient à faire disparaître toutes différences entre les classes, il peut du moins les atténuer et améliorer le sort des travailleurs.

Vu :
Le président de la thèse,
PLANIOL.

Vu :
Le Doyen,
GLASSON.

VU ET PERMIS D'IMPRIMER :
Le Vice-Recteur de l'Académie de Paris.
GRÉARD.

TABLE DES MATIÈRES

Laval. — Imprimerie parisienne, L. BARNÉOUD et Cie.